万卷方法／社会科学研究方法 · 前沿与应用

缺失数据的多重插补

——应用案例与软件操作

严 洁 著

重庆大学出版社

图书在版编目（CIP）数据

缺失数据的多重插补：应用案例与软件操作 / 严洁
著. —重庆：重庆大学出版社，2016.4
（万卷方法）
ISBN 978-7-5624-9635-9

Ⅰ.①缺…　Ⅱ.①严…　Ⅲ.①社会科学—定量分析—
数据处理—研究　Ⅳ.①C3-39

中国版本图书馆CIP数据核字（2016）第034130号

缺失数据的多重插补
——应用案例与软件操作

严 洁 著
策划编辑：林佳木

责任编辑：文 鹏 邬小梅 林佳木　　版式设计：林佳木
责任校对：关德强　　　　　　　　　责任印制：赵 晟

*

重庆大学出版社出版发行
出版人：易树平
社址：重庆市沙坪坝区大学城西路21号
邮编：401331
电话：（023）88617190　88617185（中小学）
传真：（023）88617186　88617166
网址：http://www.cqup.com.cn
邮箱：fxk@cqup.com.cn（营销中心）
全国新华书店经销
重庆市国丰印务有限责任公司印刷

*

开本：940mm×1360mm　1/32　印张：9.375　字数：185千
2017年2月第1版　　2017年2月第1次印刷
印数：1—3 000
ISBN 978-7-5624-9635-9　定价：38.00 元

总　序

　　中国当代社会科学各学科的研究方法多为西方舶来，这一事实不可逃避。由此亦衍生出不尽如人意的另一个事实，即这些滥觞于西方的科学研究方法在国内学界的传播与应用，并未能像各个学科的一般理论和知识那样，为国内学者或学生广泛习得并恰当使用。归根究底，造成这种现状的原因无外乎如下两点：一是中国社会科学诸学科长期以来重描述的研究范式；二是青年研究者在初入社科研究领域时（多为文科生）就已产生了视数学为畏途的心态。以此为背景的研究或秉承旧有的研究范式，对新的研究方法视而不见，或对西方学界主流的研究方法进行囫囵吞枣、生吞活剥式的使用。这都不利于正在迅速发展的中国社会科学与国际学术界交流。这个世纪开始，随着大批海外学子陆续回国任教，他们给社会科学学科发展带来很大冲击，也从方法上改变了学科研究的范式。

　　这里说的方法变革所造成的范式转变，并非简单的定量与定性方法之争。此处所谓新的范式是指通过严谨的研究设计，应用科学的方法（定量或定性方法皆属之），采集数据去从事研究。过去数十年国内学界所累积的学科知识，在这个新的研究范式下，已得到验证，甚至有突破性的理论创新。不过，任何转变都不可能一蹴而就，固有研究范式的惯性及其导致的对于科学方法的疏离感，仍然如紧箍咒一般，时刻影响着科学研究方法在国内社会科学学科的发展。

"社会科学研究方法·前沿与应用"丛书的主要目的就是希望拉近学生与科学方法的距离，从而激发他们学习并应用这些方法。2012年暑期，重庆大学出版社的雷少波编辑做客清华大学政治学系，言谈间，我提出组编一套介绍社会科学研究方法丛书的想法，有别于坊间同类书籍介绍方法的丛书，这套丛书的最大特色在于将理论背后的"理论"呈现给读者，让初学者知其然，更能够知其所以然；同时使用实际的研究成果，提供最直观的应用案例，让读者了解到这些研究方法如何应用到以中国为主题的研究，通过主题的熟悉感，真正拉近读者与方法之间的距离，提升读者学习的热情，为有志于从事相关领域研究的人士提供扎实、恳切的引导及参考。

这套丛书编写的体例大致分为理论介绍、案例点评和软件实操展示三个部分。第一部分的理论介绍，主要是编写者结合自身学习该方法的历程，用最浅显易懂的方式（尽可能使用最少或最基本的数学），来介绍方法背后的理论与原理，以及应用该方法的场景，并重点介绍该方法的标准操作流程，以及提示该方法在操作上可能遇到的限制，为读者学习理论提供最大的便利。第二部分的案例点评是本书的亮点，编写者选取应用该方法的范文（优先选择以中文撰写和使用中国数据的论文）进行点评，这样选择的目的如前所述，是希望读者通过既有的研究，切实学习到该方法是如何在中国场景下落地的。编写者的点评首先发挥导读的作用，同时亦不会避重就轻，而是无褒贬之忌讳，既点出该方法在范文中使用的准确、巧妙之处，也会点出研究过程中存在的短板，不论是方法操作上的问题，还是研究设计本身的缺陷，抑或是数据上造成的罅隙，这也是编写者希望读者能够在实操过程中尽量避免的部分，毕竟方法的习得容易，但是要用得对、用得好，还是需要熟悉方法、经验丰富的资深使用者指导。此部分的点评就是希望用文字为读者建构一个面对面的学习场景，起到教师与学生一对一现场教学的效果。第三部分的软件实操展示，使用的软件主要还是坊间常用的 SPSS、STATA、R 三个软件。编写者使用数据范本，实际演示该方法通过不同软件的操作步骤，尽可能做到精准、简洁，同时兼顾可读性、可视性。原则上，这部分会至少涵盖两个软件操作展示，未来如读者有需求，我们将在丛书的网页以附录的方式，编写该方法在其他软件的操作步骤。

丛书总序的最后，必须感谢清华大学的张小劲老师、王天夫老师、洪伟老师、孟天广老师，北京大学的严洁老师、任莉颖老师，中国政法大学的卢春龙老师，人民大学的孙龙老师和远赴英国的呼和那日松老师，诸位同仁鼎力相助，为这套丛书的出炉提供了智力和时间上的大力支持。丛书编著过程中，经历了许多波折与挑战，若没有他们的投入，这套丛书的顺利问世几乎是不可想象的。特别感谢重庆大学出版社雷少波编辑的鼎力支持，我当初言谈间大胆的设想方能实现，也特别感谢林佳木编辑、邹荣编辑不厌其烦地催稿，如果说雷编辑是伯乐的话，林、邹两位编辑则是催促着我们前进的鞭子，丛书的完成，这些文字背后的贵人缺一不可。

编著这套丛书，是为试图改进中国社会科学研究对于国际主流方法的使用状况，这也是上述诸位共谋此事背后的雄心壮志，但不积跬步无以至千里，任何实质性的转变都要依靠些微的积累和推进方能实现，落在实处，就是这一本本小书的质量。若能对有需要的读者有所启发，或能由此催生后续研究的跟进，就是编写者最大的心愿。由于编写者学识所限，这套丛书一定还存在诸多不足和有待完善之处，希望读者和相关方法的使用者及时反馈批评意见，以便于我们再版时加以订正和改进。

苏毓淞

于清华园

2016.10.5

序

　　我的同事严洁博士请我为她的一本关于研究方法的新书作序，我自然欣然从命。

　　这本书是重庆大学出版社组织的万卷方法系列丛书中的一本。看到这套丛书面世，我欣喜之余，又不禁有些感慨。犹记得二十年前，我曾经试图将美国世哲出版公司（Sage Publications）的那一套著名的研究方法丛书翻译介绍到中国来，但没有成功——彼时并没有出版社愿意主动出版，若坚持出版则要我支付出版社高额费用。

　　同样是二十年前，我曾在北大接待时任美国政治学会（American Political Science Association）的主席 M. Kent. Jennings 教授（他是我在密西根大学的导师之一）的访问。临走时他对我说了一句话："你在这里没有同事，我担心你学术上的进步会很困难……"

　　那时"海归"还不多，获得"同事"的途径只有一个——自己培养。因此我在北京大学中国国情研究中心开展与密西根大学社会研究院（Institute for Social Research, University of Michigan）合作，开设了一系列暑期培训项目，连续四年在北大和密西根为国内大学和研究机构的研究生和青年教师提供实证和量化研究方法方面的培训——严洁博士就是最早的一批学员之一，而且是其中的佼佼者。

经过这么多年的学习和实践，她已经成长为一个在国际国内学界得到普遍认可的研究方法方面的专家。诚然，相当多在国外接受教育的博士都受过研究方法方面的系统培训，但他们普遍缺乏实践经验。严洁的出众之处在于，她既在国内国外接受过系统的训练，又在二十年来参与了北大中国国情研究中心几乎所有的实证和量化分析研究项目，积累了丰富的实践经验，具备了独立主持大型科研项目的素质和能力，特别是在数据管理和数据分析方面颇有造诣。

严洁博士这本关于多重插补（Multiple Imputation）的书，是她这些年在数据管理和数据分析方面经验的总结，某种意义上说，也是她博士论文研究的延续。我很欣慰看到一个青年学者在学术上日渐走向成熟，并且在方法上逐步进入非常细致的领域。

多重插补是个非常繁复且细致的工作，它不单单是数据处理的一种技术方法，更要求联系研究项目本身的方方面面加以注意。而严洁这本书有两个突出的特点，为读者深入系统地了解和掌握它提供了可能。第一，她为缺乏实践经验的学生和读者提供了大量而具体的实例，使他们得以理解这种方法的意义并学会如何运用；第二，她详细地介绍了运用现有计算机软件完成这项工作的方法，使琐细繁复的工作变得易于操作，从而能够在教学和实际工作中给学生和研究者提供针对无回答问题的解决办法和很好用的工具。我希望，也相信，这本书能够为更多学生和研究者所用，成为案头工具书。

最后，也希望万卷方法这套丛书能够成功，并且可以继续拓展开去。

是为序。

沈明明

燕园

2016 年 3 月 2 日

作者自序

　　近些年来，越来越多的社会科学领域学者应用社会调查的方法来探讨中国政治、经济、社会发展过程中的理论和实践问题。但是在社会调查的数据采集过程中，由于各种原因而无法获得某个样本的任何一项回答或者无法获得样本对某个或某些个问题的回答的情况越来越多，前者称为单元无回答／单元无应答，后者称为项目无回答／题目无应答。由无回答引起的数据缺失对于后期的数据分析造成很大的影响，为此，在使用统计分析方法进行描述和推断之前，需要考虑缺失值的处理问题。

　　对于缺失值的处理有多种方法，其中多重插补 (multiple imputation) 是近些年来最广为接受的一种。简单地说，多重插补就是给每个缺失单元插补上多个值。主要包括三大步骤，即插补、分析、综合。那么接下来，我们会产生一系列疑问：

　　1. 一个缺失的单元为什么可以给出多个插补值？

　　2. 这些插补值是怎么计算来的？

　　3. 既然要插补多个值，那么需要插补多少个比较合适？

　　4. 插补后的数据集该怎么用？

5. 什么情况下可以用多重插补?

6. 怎样借助统计软件来作多重插补?

本书的主要目的就在于借助实例来解答这些问题。本书包括三个部分,在第一部分主要介绍多重插补的基本原理和方法、步骤;第二部分则借助四篇精心挑选出来的文章,通过对文章的评析来进一步解答有关多重插补方法的细节问题和相应的注意事项;第三部分则讲解和示例如何用 SPSS、STATA 这两种统计软件来实现多重插补。

本书适用于从事定量研究的学者和学习定量研究的硕博士生。虽然书中的例题属于社会科学领域,但是对于公共卫生领域、环境科学领域的抽样调查数据的缺失值处理也具有一定的参考价值。

本书在写作的过程中得到了很多老师和朋友的帮助。感谢我的博士生导师、北京大学政府管理学院的沈明明教授和杨明教授。两位教授从 1995 年开始带着我进行社会调查,引导我进入了政治学的定量研究领域,在北京大学中国国情研究中心的所有调查项目中都给予了我学习和成长的机会,花费大量精力培育了我在这个学科领域内的学识和视野。感谢北京大学社会学系的邱泽奇教授,他于 2008 年邀请我参与北京大学中国社会科学调查中心的调查工作,使得我较早参与到全国大规模的追踪调查项目中,邱教授在本书的写作过程中也提出了诸多宝贵的意见和建议。感谢北京大学医学部的黄悦勤教授,她的引导和建议使得我的研究能够向公共卫生领域内拓展。感谢我的同窗好友、北京大学中国社会科学调查中心的任莉颖副研究员，她一直在我诸多的学术研究中给予大量的支持和帮助。感谢清华大学政治学系的张小劲教授、苏毓淞副教授，两位教授的不断鼓励给予了我信心，使得我得以按时完成书稿。感谢清华大学政治学系的孟天广副教授、北京大学政府管理学院的黎娟娟博士，两位对本书提出了非常具体和细致的建议。感谢在匿名评审过程中给予本书批评和建议的老师们，这些意见使得本书更加完善。最后要感谢重庆大学出版社万卷方法丛书的雷少波和林佳木编辑，这本书的体例策划得益于两位编辑的卓见，林佳木、邬小梅两位编辑在本书的成稿过程中对文字的校改付出了大量的劳动，在此表示衷心感谢。

希望本书能对读者们的量化研究有所裨益，欢迎读者们批评指正。

严 洁

2016 年 2 月于北京大学

目　录

社会调查、无回答与缺失数据

近些年来，越来越多的社会科学领域学者应用社会调查的方法来探讨中国政治、经济、社会发展过程中的理论和实践问题。关于"社会调查"这个名词有许多不同的定义。在这里，我们专指那些用概率抽样的方法来抽取样本，用结构化的问卷来采集数据的调查方式。

之所以采用这个定义，是因为概率抽样调查的根本目的是在一定的精度范围内，用样本去推断总体，那么因无回答导致的缺失数据将对这个推断产生重要的影响。因此我们要讨论的缺失数据处理方法也是基于要做统计推断这个目的而言的。

1.什么是无回答

无回答是指在数据采集过程中，由于各种原因而无法获得某个样本的任何一项回答或者无法获得样本对某个或某些个问题的回答的情况，前者称为单元无回答（unit nonresponse），后者称为项目无回答[1]（item nonresponse）。

单元无回答包括"无法接触到样本单位"（no contact），"拒访"（refusal），"无能力回答"（incapacity）等几种情况。根据美国"民意调查研究协会"（The American Association for Public Opinion Research）确定的入户调查回答率的计算标准

---

[1] item nonresponse 在我国当前统计学、抽样调查领域内经常使用的中文译法为"项目无回答""选项无应答""条目无回答"等等。其中的"选项""项目""条目"特指调查问卷中向受访人提问的单个问题，本书选用金勇进教授的译文，即"项目无回答"。关于单元无回答和项目无回答的具体定义请参见下文。

中的相关定义（APPOR，2011）[1]："无法接触到样本"包括这样
一些情况：（a）不能进入这个建筑物；（b）住户内没有人；（c）受
访人不在或者找不到。判断一个样本是否属于"无法接触到样
本"，研究者必须确定样本单位是一个非空的、有符合资格的受
访人居住的且没有接触到的住户成员是可完成的这三个必要条
件。"拒访"包括住户单位或者住户内的成员拒绝访问的情况，
有时也包括采访中断的情况。"无能力回答"则指受访人尽管符
合被采访的资格，而且他/她也愿意接受访问，但是由于语言或
者身体、精神不适等原因没有能力完成访问的情况。

　　以上这几种情况占单元无回答总数的比例因调查内容和调
查方式而不同。概率抽样调查相对于非概率抽样调查会遇到较多
的单元无回答的情况。在多数概率抽样调查中，"无能力回答"
（例如：身体、语言障碍、不识字等）的情况相对较少，"无法
接触到样本单位"的情况较多。近些年，在中国城市范围内，如
果进行以个人为样本单位的概率抽样调查，并且以居民的户籍资
料为抽样框的话，那么"无法接触到样本单位"的比例会比较高，
主要原因在于中国社会中处于流动中的人群正在扩大，人户分离
的情况越来越多。这些人多数因无法联系上而成为单元无回答的
样本。"拒访"的比例受调查方式（例如：面访调查和电话调查）、
问卷内容（例如：敏感性问题）、调查地点（例如：城市和农村）、
采访员素质以及被调查人群的特征等诸多方面的影响。在抽样调

[1]　The American Association for Public Opinion Research. 2011. *Standard Definitions: Final Dispositions of Case Codes and Outcome Rates for Surveys. 7th edition*. Lenexa, Kansas: AAPOR. http://www.aapor.org. pp21-22.

查中，如何降低拒访率一直是调查者必须关注的问题。

项目无回答一般包括"不知道"（don't know）、"拒绝回答"（refuse to answer）、"没有观点（no opinion）"、"不适用"（no applicable）、"没有答案"（no answer）等多种情况。其中，不知道、拒绝回答、没有观点比较容易理解，都是受访人给出的直接答案。"不适用"通常是因为问卷中的跳问而自动赋值的。例如，对于询问受访人"是否参加了工会"这道题，如果是从事农业生产的受访人，就应该属于不适用回答这道题目的情况，该题目会被跳过去，系统自动产生的数值就是代表"不适用"。"没有答案"通常是指那些应该回答而没有回答的情况，例如，有可能是访问员漏问了，也有可能是访问员询问之后忘记记录答案。

2.什么是缺失值

缺失值（missing value）简单地概括就是缺失的观测值。缺失值的形态有两种（吴明隆，2010）：一种为系统自定义的缺失值；另一种为使用者自定义的缺失值。

所谓系统自定义的缺失值，是指本来就不适用，并且也没有采集到观测数据的情形。在社会调查中通常发生在一些应该进行跳问的题目中。例如，询问职级的时候，从事农业生产的人就无法回答，那么在职级的变量中，凡是回答从事农业生产的样本，就会由系统自定义为缺失值，在本书中称之为"不适用"。对于这种情形导致的缺失值，不用进行插补或其他处理，因为在分析多变量之间关系的时候,这些样本在某种情况下不适于纳入分析。例如,分析职级对工作满意度的影响,那些从事农业生产的人不应该作为分析对象。

　　第二类是研究者自定义的缺失值,是指本来已经采集到了数据,但是这个数据根据研究者的判断被定义为缺失值。例如,在一次调查中,对于职业变量,受访人回答"不知道",研究者根据一些条件最终将其定义为缺失值。也有一种情况是受访人回答了一些值,但是研究者认为这些值属于特异个案,不满足其研究需求,也会将其定义为缺失值。例如,在询问受访人个人一个月的文化消费时,如果有 1 个样本回答"20 万元",研究者可能就会因其属于奇异值而将其定义为缺失值 [1],这样做的目的是在对文化消费进行分析的时候,剔除该样本。

　　对于那些需要研究者来自定义的缺失值,研究者首先要进行判断工作。即,哪些值应该或需要被定义为缺失值。这些值里面,最常见的就是项目无回答。在项目无回答中,"没有答案"通常是由于访员漏问或者漏记造成的,一般情况下都属于"缺失值"。

　　但是"不知道""拒绝回答""没有观点"则需要根据题目本身的含义、研究者的测量目标和受访人的实际情况而定,很难简单地制订统一的判定标准。例如,当询问受访人是否满意现在的生活时,受访人应该有能力或者有信息帮助他能够回答,如

---

[1]　对于这种奇异值的处理还有其他适宜方法,例如可以删除、可以转换等。在这里,需要提醒读者,对于这类的奇异值如果定义为缺失值,那么在进行缺失值插补的时候,就要考虑是否需要将其作为被插补的对象。

果选择了"没有观点",则可以视为"缺失值"。但是当问到受访人对于"政府应该规定个人收入的最高限额"这种说法的态度时,如果选择了"没有观点",则可以视为有效回答,因为他提供了有效的信息,可能真的是没有任何观点。

对于知识、信息类的题目,"不知道"通常是有效的答案,会参与统计分析的过程。例如:询问政治知识的题目"您知道美国现任总统是谁吗?",如果回答不知道,则可以视为有效回答,这部分人要作为一类人来进行统计分析,而不能直接视作缺失值。

在项目无回答的几种类型中,受访人回答"不知道"的情况通常相对比较多一些,因此,如果把"不知道"视为缺失值的话,更有可能对样本估计产生影响,但是缺失值的比例到多大时会成为问题,目前还没有一个标准,要依据研究目的、研究内容,以及缺失值的分布特征而定。有些学者认为,通常情况下,小于5%的缺失值应该不会产生什么问题(Gilljam and Granberg, 1993),但是也一定要注意那些具有缺失值的样本和提供了有效答案的样本是否在研究变量上有显著的差异,因为无回答误差的大小既受缺失比例的影响,也受回答者和无回答者在研究变量上的差异的影响。

如果缺失值存在,研究者必须首先对缺失值进行处理,然后才能进行统计分析。

3.为什么要研究无回答和缺失值处理

无回答问题之所以引人注目，首先是因为近些年无回答的比例在许多概率抽样调查中居高不下。例如：美国久负盛名的"一般社会调查（General Social Survey， GSS）"1975—1998年的单元无回答率为18%~26%，但是在2000—2002年则增加到30%（Curtin， Presser and Singer， 2005）；在以中国公众为调查对象的抽样调查中，1996年史天健教授主持的中国公民"政治参与调查"的单元无回答率为9%，但是到了2000年，"世界价值观调查——中国部分"的单元无回答率[1]已经达到25%。在城市范围内的研究中，单元无回答的比例增长更快，北京大学中国国情研究中心自1995年在北京进行的一年一次的"北京社会政治经济发展年度调查"的单元无回答率从1995年的14%增长到2000年的25%，到了2013年已经达到33%。

项目无回答率，即某个分析单位上无回答的样本数占有效样本总数的百分比，也出现了增长的趋势。例如，"世界价值观调查——中国部分"中，关于"竞争是有利还是有害的"这个态

---

[1]　按照美国"民意调查研究协会（The American Association For Public Opinion Research）"确定的"Standard Definitions: Final Dispositions of Case Codes and Outcome Rates for Surveys， 2011"中入户调查的第一种最低的回答率的计算方法计算而得。本书随后所使用的回答率均采用这种计算方法。

回答率＝有效完成访问的样本数 / 符合调查资格的样本总数，无回答率 =1- 回答率。

入户调查的回答率有六种计算方法，区别在于完成样本中是否包括"采访中断"样本的数量以及"不知道是否符合资格的样本"是否包括在分母中。

请 参 见：The American Association for Public Opinion Research. 2011. Standard Definitions： *Final Dispositions of Case Codes and Outcome Rates for Surveys*. 7th edition. Lenexa, Kansas： AAPOR. pp44-45.

度型测量指标[1]的无回答率，在 1990 年为 1.6%，1995 年为 6.3%，2000 年则达到 13.1%，2007 年达到 24.3%，2012 年经过多方努力降低到 7.8%。在中国进行过的 5 波世界价值观调查中，大多数研究变量的无回答率在每一波的调查中都有所增长，2000 年和 1995 年相比，平均增长幅度为 2.7%，2007 年又比 2000 年增长了 7.6%。

其次，如果在一项研究中，某个变量上的某类项目无回答被定义为缺失值，那么高比例的缺失值有可能导致估计偏差[2]（Estimates Bias）（DeMaio，1980；Groves，1998；Kish，1965；Rapoport，1982；金勇进，2001）。判断缺失值对参数估计是否会产生影响要从两个方面共同进行考察：一是含缺失值的样本所占样本总数的比例；二是无回答人群和回答人群在研究变量上是否有显著的差异，也就是说，要看缺失值在样本中的分布状态是随机的，还是系统的、有特征的。在概率抽样调查中，研究者们总是期望缺失值的分布是随机的，从而能够比较精确地利用样本估计总体，但是许多学者证明，很多调查中的缺失值并不能随机分布（Ferber，1966；Francis and Busch，1975；Kalton.，1983；Rubin，1987），例如：受教育水平较低的人，女性，年龄比较大的人，往往较多地给出无回答。在这种情况下，直接忽略

---

[1] 问卷中的问题：请您告诉我对下列问题的看法，量表中 1 表示完全同意左侧的看法，10 表示完全同意右侧的看法，请选择一个适当的位置表示您的看法。a. 竞争是有利的，它刺激人们努力工作，引发新思想；b. 竞争是有害的，它会引发人性中坏的一面。

[2] 有三个研究挑战了这个经验（Curtin, Presser and Singer 2000；Keeter et al, 2000；Merkle and Edelman 2002）。每一个研究都发现在回答率的变化和无回答误差变化之间没有关系。但是通过目前为止的多数调查，学者们仍旧能够发现无回答率与无回答误差之间存在着显著的关系。

这些无回答样本，或者简单利用有效回答样本代表那些没有回答的样本就会产生估计偏差 [1]，从而得出错误的结论。

再次，高比例的缺失值可能直接和测量指标的信度（reliability）、效度（validity）水平显著相关，从而成为测量质量的一个重要指标。

项目无回答和信度、效度之间的关系是相互影响的，一方面，信度、效度水平较低的测量指标有更多的机会使受访人无所适从，例如，面对模糊不清、令人困惑不解，或者使人无从选择的题目，受访人有很大可能倾向于不回答。另一方面，在一个具有足够样本规模的调查中，某些变量的无回答比例较高的话，那么则有可能意味着这些测量指标无法有效测量到预先想测量的目标，因此，项目无回答和测量指标质量的关系值得特别关注。

无回答问题对任何学科和任何形式的抽样调查都是一大挑战。目前，在社会科学抽样调查领域内，如心理学、教育学、社会学、政治学、市场研究等，关注无回答问题的研究越来越多，以美国著名的社会调查刊物 *"The Public Opinion Quarterly"* 为例，在 1990—1994 年和 1995—1999 年，专门研究无回答问题的文章分别占全部文章 [2] 的 13% 和 15%，到了 2000—2004 年，这方面的文章占 18%，2008 年则出版了专刊来探讨无回答问题。可见，无

---

[1]　偏差（bias），是指在用样本推断总体的值的时候，得出来的结论总是系统性地偏向一边。例如，总体真值是 58，我们用样本推断出来的值有的时候是 52，有的时候是 48，有的时候是 49，总是低于真值，这就产生了偏差了。参见后文的常用术语的解释。

[2]　在此统计的文章总数不包括该刊物中的 "The Polls" "Book Reviews" "In Memoriam" 三个栏目中的文章，2000—2004 年文章总数为 100 篇，1995—1999 年文章总数为 96 篇，1990—1994 年文章总数为 130 篇。

回答问题在社会科学调查领域内已经成为一项重要的研究课题。

那么，对待无回答问题我们应该怎么办？优先的选择是在设计和数据采集的过程中尽量地减少无回答。但是，一旦前期的设计和数据采集的过程中没有实现完全无回答的目标，那么，数据采集回来之后的无回答处理则成为最后的选择。在这个过程中，有些无回答被视作有效的答案，有些无回答则被视为缺失值。

这里我们将专门讨论对缺失值的处理。

4. 必备的几个术语

在介绍缺失值的处理方法之前，有必要先对若干必备的统计术语作出解释，以便更好地理解缺失值插补的方法。

（1）个体、总体、样本

个体（element）：收集信息的基本单位。

总体（population）：是指理论上界定的所要研究对象的全体，是全部个体的集合。

样本（sample）：从总体中按照一定规则和程序抽出来的个体的集合。

例如，研究对象是居住在大陆满 1 年的 18 岁及以上的人，每一个符合这个资格的人就是一个个体，总体就是这些人的全部集合。如果按照一定的抽样方法从总体中抽取了 5 000 人，那么这 5 000 人就是样本。

（2）均值、方差、标准差

均值（mean）：表示一组数据之和除以个数，表达数据的集中趋势。

方差（variance）：观察值与其平均值之差的平方和除以全部观察总数。表示数据的离散趋势。也可以把方差理解成一组数据与中心点的平均距离，方差大就说明数据很离散，方差小就说明数据很集中。

标准差（standard deviation）：方差的正的平方根。

（3）参数、估计量

参数（estimates）：是关于总体中某一个变量的数量描述。

估计量（statistics）：是关于样本中某一变量的数量描述。估计量也称为统计量、统计值、估计值。其价值在于提供有关总体参数值的推断，这也是抽样调查的根本目的。

常见的参数有：总体均值、总体方差、总体比例、总体比率等。

常见的估计量有：样本均值、样本方差、样本比例、样本比率等。

（4）估计量方差、标准误

估计量方差（sampling variance of statistics）：样本估计量的方差，即样本估计量的离散程度。

标准误（standard error）：样本估计量的标准差，也表示样本估计量的离散程度。

样本估计量有很多种，例如样本均值、样本方差、样本标准差、样本比例、样本的分位值等。那么，怎样理解估计量方差呢？

例如，有一个总体，由 3 个球组成，它们的质量值分别为 2 克、4 克、6 克。如果从中有放回地随机抽取一组样本，里面包含 2 个个体（即样本容量 =2），那么有可能抽出以下 9 组样本：

2，2　　2，4　　2，6　　4，2　　4，4　　4，6
6，2　　6，4　　6，6

每组样本的平均值分别是：2，3，4，3，4，5，4，5，6。

这组由样本均值组成的数据，它们也有集中趋势和离散趋势，如果计算其方差的话，得到的就是估计量方差，如果计算其标准差，那么就是均值标准误了。

假设有一个抽样方案，按照这个方案多次抽取样本，那么每一次抽取的样本都能计算一个样本均值，这些均值如果很集中，就说明抽样方案和抽样结果都很稳定；如果这些样本均值非常分散，一次一个样儿，那么就说明抽样方案有问题，使用这个方案抽出来的样本，做出来的统计分析结果也就不那么可靠了。

所以估计量方差、标准误都是反映抽样精度的指标。当没有偏差的时候，估计量方差小的抽样方案是好的。

（5）误差与偏差

误差（error）：由于抽取样本的随机性造成的估计值与总体参数之间的差异，就是误差。这个差异没有系统性地偏向某一边，是**随机**的，如图 i.1 所示。

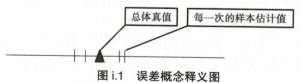

图 i.1　误差概念释义图

偏差（bias）：是指按照某一抽样方案反复进行抽样，估计值的数学期望与总体参数之间的**系统性离差**，如图 i.2 所示。

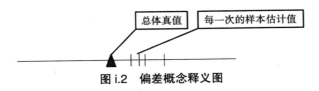

图 i.2　偏差概念释义图

（6）概率分布、抽样分布

概率分布（probability distribution），简单地讲，就是由一个随机事件的可能结果，以及这种结果出现的概率所组成的表或者图。

例如，现在有红、蓝 2 个球，抓 3 次，每次只抓 1 个，抓到红球的次数见表 i.1。

表 i.1　概率分布的释义（1）

第 1 次	第 2 次	第 3 次	结果概要	红球出现的次数
蓝	蓝	蓝	蓝蓝蓝	0
蓝	蓝	红	蓝蓝红	1
蓝	红	蓝	蓝红蓝	1
蓝	红	红	蓝红红	2
红	蓝	蓝	红蓝蓝	1
红	蓝	红	红蓝红	2
红	红	蓝	红红蓝	2
红	红	红	红红红	3

红球出现次数的概率分布见表 i.2。

表 i.2　概率分布的释义（2）

抓到红球的次数	概　率
0	0.125
1	0.375
2	0.375
3	0.125

抽样分布（sampling distribution），简单地讲，就是样本估计量的概率分布，见表 i.3。

假设有一个总体，由 3 个球组成，它们的质量值分别为 2 克、4 克、6 克。现假设从中有放回地随机抽取一个样本，里面包含 2 个个体（即样本容量 =2），那么有可能抽出这样 9 个样本来：

2，2　　2，4　　2，6　　4，2　　4，4

4，6　　6，2　　6，4　　6，6

那么这些样本就可以计算出样本均值、样本方差等估计量来，以样本均值为例，样本均值出现的概率组成的表（表 i.4）或图，就是抽样分布。

表 i.3　抽样分布的释义（1）

样　本	样本均值
2，2	2
2，4	3
2，6	4
4，2	3
4，4	4
4，6	5
6，2	4
6，4	5
6，6	6

表 i.4　抽样分布的释义（2）

样本均值	样本均值出现的次数	样本均值出现的概率
2	1	1/9=0.111
3	2	2/9=0.222
4	3	3/9=0.333
5	2	2/9=0.222
6	1	1/9=0.111
合　计	9	1

　　以上几组概念对于理解缺失值的插补原理均是必不可少的。缺失值插补的好与差，主要依靠估计的无偏性、有效性和一致性来判断；这个过程必须依赖估计值、标准误/估计量方差、偏差这几个指标，而标准误是样本估计量的离散程度，是根据抽样分布、均值、方差/标准差计算出来的；这些指标则均源自总体/样本、参数/估计量这两对基础概念，这就是以上几组概念之间的关联。

/第 1 章/
删除法和单一插补法

1.1 删除法

处理缺失值有三种常用的方式，如果缺失值是由单元无回答而来，那么常用的办法是"加权法"；如果缺失值是由项目无回答而来，那么有两种常用的方式：删除法或者插补法（imputation）。列表删除和成对删除是比较常用的删除法。

1.1.1 列表删除

列表删除（listwise deletion）：针对分析时要用的所有变量，把含有缺失值的所有个案都删除。例如：表 1.1 中 2、3、4 号样本都有缺失值，如果要计算变量 a 和变量 b 的相关系数，使用列表删除法时，那么只有 1、3、5 号样本能参与分析过程，2、4 号都会被删除。

如果要对变量 a、b、c 两两之间做双变量相关分析，即在统计软件的双变量相关分析中一次性地放入这三个变量时，如果使用列表删除，那么，只有 1、5 号样本参与全部的计算过程，也就是说，在输出的相关系数矩阵中，不管是计算变量 a、b 之间，还是 a、c 之间，抑或是 b、c 之间的相关系数，都只有 1、5 号这两个样本参与计算。

表 1.1　列表删除简单示意

案例编号	变量 a	变量 b	变量 c	变量 d
1	733.26	18	123	1

案例编号	变量 a	变量 b	变量 c	变量 d
2	625.30		554	1
3	1 256.18	29		1
4		74		0
5	489.65	44	862	0

列表删除也称为完全案例分析法（complete case analysis），是很多统计软件默认状态下的一种分析方法，例如，SAS、STATA、SPSS、R 软件。其优点是方便计算。如果数据是完全随机缺失的（参见下一章对"完全随机缺失"的释义），那么，使用这种方法会得到没有偏差的均值和方差。另外，当多重插补的前提假定未完全满足的时候，列表删除在回归系数方面也能获得较好的估计结果（Allison，2002）。

1.1.2　成对删除

成对删除（pairwise deletion）：按照计算顺序只删除分析变量内具有缺失值的个案，也称为有效案例分析法（available case analysis）。

以表 1.1 为例，如果使用成对删除法来处理缺失值的话，对变量 a 和变量 b 进行相关分析时，会删掉 4 号和 2 号样本，只分析 1、3、5 号样本。

如果要对变量 a、b、c 两两之间做双变量相关分析，即在统计软件的双变量相关分析中一次性地放入这三个变量时，如果使用成对删除，那么在计算变量 a、b 的相关系数时，1、3、5 参与计算，计算变量 a、c 的相关系数时，1、2、5 参与计算。

表 1.2 是这三个变量的相关系数表，请注意 N 在每一组中有所不同。

表 1.2　成对删除简单示意

相关性		a	b	c
	Pearson 相关性	1	−.394	−.987
a	显著性（双侧）		.742	.103
	N	4	3	3
	Pearson 相关性	−.394	1	1.000**
b	显著性（双侧）	.742		.
	N	3	4	2
	Pearson 相关性	−.987	1.000**	1
c	显著性（双侧）	.103	.	
	N	3	2	3

**. 在 $N.01$ 水平（双侧）上显著相关。

成对删除法和列表删除法相比，利用的样本更多一些，但是在计算相关系数矩阵的时候，由于每个变量上的有效案例数不一样，会破坏对矩阵的"正定"（positive definite）要求，而正定要求是许多多元分析的前提条件。

此外，成对删除会使得在计算标准误的时候，不知道该选择哪个数作为样本量 n。

成对删除法只在部分统计分析的功能菜单中可以实现，例如，在相关分析的时候可以选择成对删除法，但是在回归分析的时候无法选择成对删除法。

列表删除法和成对删除法对于处理缺失值很简便，易于实施，但是当缺失值较多的时候，或者缺失值不是完全随机缺失机制（参见下一章对"随机缺失"的释义）的时候，采用这两种删除法都有可能使统计推断产生较大误差或者导致偏差。

那么，按照什么样的标准算"缺失值多"呢？有的学者认为缺失值比例占 5% 以上就算多（Kish，1965）。但是，我们还应该注意到，由于缺失值导致的误差大小除了和缺失值所占比例有关之外，还同时和研究变量上的回答者和未回答者是否有系统性的差异有关。也就是说，如果缺失值不是完全随机缺失的，那么，用样本估计出来的均值、方差、回归系数、相关系数都有可能是有偏差的。

此外，如果样本量原本就比较少，即使缺失了 5%，剩下的样本量也会寥寥无几，因此在使用删除法的时候要谨慎。

归纳起来，如果缺失值是完全随机发生的，即缺失值的生成模式与已观测的数据和未观测的数据均无关的时候，可以使用删除法。

1.2　单一插补法

插补法（imputation）的思想就是将缺失的数据采用适当的估计值给补充完整。插补法比删除法更能满足统计分析的要求。

插补法分为单一插补（single imputation）和多重插补（multiple imputation）两大类。所谓单一插补就是给一个缺失单元补上一个合理的值。多重插补，形象地讲，就是相当于给一个缺失单元补上多个合理的值（见下一章的详细定义）。

那么，如果计划采用单一插补方法，哪些值可以作为缺失单元的合理值呢？我们按照合理值的来源可以分为均值插补、回归插补／比率插补、热平台插补和冷平台插补等。

1.2.1　均值插补

均值插补（mean imputation）比较好理解，简单地说就是用变量的均值来代替缺失的数据。对于多分类的变量，不能计算均值，那么可以用众数 [1] 来插补。

例如：表 1.3 中的变量 b，2 号样本有缺失值，用剩下的 1，3，4，5 号样本计算而得的平均值是 41.25，那么均值插补就是把这个缺失单元补上 41.25 这个值。

---

[1]　众数：在一组数据中，出现次数最多的值，例如，有一组数据：2，13，3，9，3，6，7，这里 3 就是众数。

表 1.3   无条件均值插补简单示意

案例编号	变量 *a*	变量 *b*	变量 *c*	变量 *d*
1	733.26	18	123	1
2	625.30	**41.25**	554	1
3	1 256.18	29		1
4		74		0
5	489.65	44	862	0

上例是用全部有效样本的均值来做插补，也被称作无条件均值插补。

还有一种均值插补可以使用组内均值来做插补。组内均值插补也叫作分层均值插补，是指在进行插补之前，对研究变量按照数据中的某一个变量分层，然后在每一层中，用该层有效样本的均值插补该层的缺失值。

例如，如果研究者认为不同性别的人对于研究变量有显著的影响，那么就按照性别来分层，如果缺失的那条样本是男性，就用所有有效回答的男性样本计算出来的均值来做插补。表 1.4 中变量 *d* 代表性别，1 表示男性，那么变量 *b* 中的 2 号样本的缺失单元就用 1 号、3 号样本计算出来的均值（23.5）来插补。

表 1.4   分层均值插补简单示意

案例编号	变量 *a*	变量 *b*	变量 *c*	变量 *d*
1	733.26	18	123	1
2	625.30	**23.5**	554	1

续表

案例编号	变量 a	变量 b	变量 c	变量 d
3	1 256.18	29		1
4		74		0
5	489.65	44	862	0

现有的常用统计软件可以直接实现这两种均值插补，不用研究者自己手动计算。

无条件均值插补适合进行简单描述的研究，而不适合较复杂的需要方差估计的分析。

分层均值插补的效果取决于用于分层的变量是否和要插补的变量紧密相关。如果紧密相关的话，那么用这种办法比无条件的均值插补更有效。但是，如果用于分层的变量和要插补的变量的关系不紧密，甚至是虚假的话，那么，有可能导致对总体均值的估计有偏差。分层均值插补可以使用的分层变量不止一个，可以同时使用多个分层变量，研究者要根据要插补的变量受什么因素影响最强而定。

和均值比较类似的一个值是中位数[1]，中位数和均值都是表达集中趋势的指标，研究者也可以使用中位数来插补，既可以选择全部有效样本的中位数，也可以选择分层之后，各层之内的中位数来作插补。

---

[1] 中位数：在一组数据中，按照从小到大或者从大到小的顺序排列，处在中间位置上的值，就是中位数。例如，有一组数据：2，13，3，9，3，6，7，排序后为2，3，3，6，7，9，13，中间位置上的数是6，它就是中位数。

那么在均值和中位数之间如何选择？众所周知，离群值[1]对均值的影响很大，而中位数对离群值不敏感，所以，当要插补的变量有较大的离群值时，使用中位数来插补会更加稳健。

不管是用均值插补、中位数插补，还是众数插补，如果数据不是完全随机缺失的话，都有可能低估方差，扭曲变量之间的关系，或得出带有偏差的估计值。

1.2.2　回归插补

回归插补（regression imputation）就是利用变量间的关系建立一个回归模型，利用已知变量的信息，对待处理变量的缺失值进行预测。

1）回归插补

第一步需要依据已经观测的数据来建立一个回归模型，将要插补的研究变量作为因变量，将与之有线性或非线性关系的变量作为自变量，回归模型中若有定类或定序的自变量时，需要转换成虚拟变量，利用有观测值的样本模拟出回归方程，计

---

[1]　离群值也称为奇异值（outlier），是指一组数据中，远离其他大多数数值的值。例如，关于上过多少年学这个变量，大多数人是 0~23 年，如果有一个人上过 32 年学，那么 32 就是离群值。对于离群值的判断有很多种方法，例如，如果某个值和平均值的差的绝对值大于 3 个标准差，就可以被视作离群值（拉依达法），也可以用箱线图（box-plot）来识别离群值，也可用狄克松法 Dixon、格鲁布斯 Grubbs 检验法等。

算出回归方程的截距、回归系数和残差的方差[1]。一个好的回归方程中，残差的均值应该是 0，所以在用回归方程作预测的时候，会用到截距、回归系数和自变量的信息。第二步，用计算出来的回归预测值来代替缺失值。

表 1.5 回归插补简单示意

编号	年龄	性别	教育	种族	V_1	V_2	V_3	V_4
1	70	0	16	1	3.8	4	8	5
2	70	0	16	1	0.6	1	1	1
3	60	1	12	0	1.1	2	3	1
4	85	0	21	1	1.3	2	3	1
5	70	1	21	1	—	2	4	3

例如：表 1.5 中的变量之间，假设有下面这个回归模型成立：

$$V_1 = b_0 + b_1*年龄 + b_2*性别 + b_3*教育 + b_4*种族 + b_5*V_2 + b_6*V_3 + b_7*V_4$$

$$b_0 = -0.8, \quad b_1 = 0.02, \quad b_2 = 0.5, \quad b_3 = 0.05, \quad b_4 = -0.6,$$

$$b_5 = 0.1, \quad b_6 = 0.1, \quad b_7 = 0.05$$

将第 5 号案例的年龄、性别等信息代入回归方程，得到 V_1 的预测值为：

（−0.8）+（0.02）*70+（0.5）*1+（0.05）*21+（−0.6）*1+（0.1）*2+（0.1）*4+（0.05）*3=2.3

---

[1] 虚拟变量（dummy variable），是指用编码 "1" 和 "0" 表示案例属性归属的变量，例如，性别变量中用 1 代表男性，0 代表女性。因为定类、定序的变量不能计算均值，而许多回归分析的基础是要计算变量的均值。为此，在回归模型中，自变量中如果有定类或定序的变量，需要转换成虚拟变量。因为虚拟变量计算出来的均值是有实际意义的，它等于选 "1" 的那一类的样本数占全部样本数的百分比。

如果目标变量是定类或定序变量时，可以进行 Logit 变换[1]和 Logistic 回归。

回归插补的结果有可能会超出目标变量的取值范围。例如，在给收入变量做回归插补的时候，有可能预测出来的收入是负值。

回归插补法的一个主要问题是在进行回归预测的时候，其回归方程没有残差项，对于自变量相同的样本，它们的预测值都是一样的，插补值也就是一样的，这也会导致样本分布发生扭曲。而且回归插补也很难知道插补值的不确定性有多大。

2）随机回归插补（stochastic regression imputation）

由于回归插补在做预测的时候缺少残差项，因此随机回归插补法对此进行了改进。其方法是在回归模型的预测值之外再加上一个随机的残差项（noise 或者称为 residual error term）。该随机项反映预测值的不确定性（Kalton，1983；Kalton and Kish，1984；Kalton and Kasprzyk，1986；Little and Rubin，1987）。

产生随机残差项的方法有多种，其中一种比较简单的办法是，按照自变量将样本进行分层，在每一层中，计算该自变量上的样本观测值和其均值的离差，把离差看作残差，用回归插补法得到预测值后，在该层的残差集之内随机抽取 1 个残差项，将这个残差项与预测值之和作为插补值，这样就可以使样本分布扭曲的程度减小了。

和回归插补相比，随机回归插补减少了偏差，但是仍旧忽

---

[1]　Logit 变换是指：将事件发生的概率与不发生的概率之比取自然对数，即logit $p = \ln\left[\dfrac{p}{1-p}\right]$。其作用是将其作为因变量之后，就可以使其与自变量之间的依存关系保持传统的线性回归中的模式。

视了一点，即如果数据被插补，那么应该考虑的是将更多的随机项构成要素引入模型，而不仅仅是残差的方差。

3）比率插补法

与回归插补法类似的一种方法是比率插补法，是指根据目标变量和辅助变量之间的相互关系来建立比率模型，相当于回归线经过原点的回归插补，即没有截距的回归模型。可以说，比率插补是回归插补的一个特例。

前文所述的均值插补也可以说是由回归系数均为 0、残差为 0 的回归插补模型得来的，只不过是将自变量和残差项都去掉了。

以上这三种回归插补法均要求在随机缺失机制的情况下进行。在完全随机缺失的情况下，回归插补法也会产生没有偏差的估计结果。问题是，预测出来的缺失值是基于研究者设定的回归模型下的最佳结果，而不一定是真实结果。

另外，回归插补法只适用于单变量缺失的类型，如果待处理的数据集有多个变量含有缺失值，插补结果会有较大的误差。

1.2.3　热平台插补

20 世纪 70 年代出现了热平台法（hot-deck imputation）。热平台法是使用本次调查中的供者信息，来代替一个**相似的受者**的缺失值。例如，如果发现 1 号样本和 3 号样本在很多变量上都很相似，如果 1 号样本的目标变量中有缺失值，就用 3 号样本在同一个变量上的回答来替代 1 号样本的缺失值。

　　这种方法的关键是"相似"由什么而确定。可以通过样本之间的距离来确定，也可以通过随机抽样的值来确定，还可以通过排序之后的最接近的值来确定等。

　　这种方法非常简单，而且应用非常广泛。比如加拿大建筑业普查（Canadian Census of Construction）和美国人口普查局（Current Population Survey）都采用热平台插补来处理缺失数据。

　　1）随机热平台插补（随机热卡插补）

　　随机热平台插补通过对某一变量的回答单元进行有放回的简单随机抽样获得插补值。例如，某个变量的有效回答样本数是300个，缺失数据有20个，随机插补就是从300个回答数据中随机抽取20个数据作为缺失值的插补值。

　　这里的插补值是随机的，在完全缺失机制下，采用该方法得到的插补结果的均值是总体均值的无偏估计，但是会高估估计量方差，并且这个高估的量是不可忽略的。为了改进被高估的方差，可以采用无放回简单随机抽样、限制对回答单元的使用次数、对回答单元进行排序并进行系统抽样的方法等。

　　随机热平台插补也分为无条件随机插补和条件随机插补。如果能够利用辅助变量的信息将样本分层，在各个层内的样本再使用随机抽样，那么就称为**分层随机热卡插补法**。

　　随机热平台插补虽然使估计量的方差增大了，但是它避免了均值插补容易扭曲目标变量分布的弱点，使插补值的分布与真值的分布更为接近，因此随机热平台插补法在估计与样本分布有关的参数时具有优势。

2）最近邻插补（nearest neighbor imputation）

最近邻插补就是利用与缺失样本最接近的样本值来进行插补的方法。关于如何定义"最近邻"，有以下几种方法。

（1）趋势得分法

趋势得分法（Rosenbaum and Rubin，1983）既可以用在热平台插补中，也可以用在多重插补中。

使用趋势得分法进行热平台插补的具体步骤是：

首先，将目标变量转换成回答与否的指示性变量（0=无回答；1=回答）；然后根据变量之间的关系构建 Logistic 模型，计算出每一个样本的回答概率，称为"趋势得分"；然后用趋势得分将样本分组，在每一组的观测样本中，找到合适的"供者"来代替缺失值。

例如：有数据如下（见表1.6）：

表 1.6　用趋势得分法进行热平台插补简单示意

编号	年龄	性别	教育	种族	V_1	V_2	V_3	V_4	V_5	趋势得分
1	70	0	16	1	3.8	4	8	5	−3.15	0.18
2	70	0	16	1	0.6	1	1	1	−2.37	0.42
3	60	1	12	0	1.1	2	3	1	−0.43	0.39
4	85	0	21	1	1.3	2	3	1	−6.32	0.22
5	70	1	21	1	—	2	4	3	1.78	0.41

V_1 是我们要进行插补的变量，第一步根据 V_1 的回答情况产生一个新变量 Z，如果 V_1 有回答则编码为 1，没有回答则编码为 0。

第二步，假设 p 为 $Z=1$ 的概率，建立一个 logit 回归模型如下：

$$\ln[\frac{p}{1-p}] = \beta_0 + \beta_1 * 年龄 + \beta_2 * 性别 + \beta_3 * V_4 + \beta_4 * V_5$$

在这个模型中，自变量都没有缺失值，回归系数 β 的显著与否并不是很重要。

第三步，计算出回归系数：

$\beta_0=0.31$；$\beta_1=0.003$；$\beta_2=-0.58$；$\beta_3=-0.25$；$\beta_4=0.25$。

第四步，根据自变量的值，计算每一个案例的回答概率 p，这个值就是趋势得分。

对于 5 号案例，70 岁，性别 =1，$V_4=3$，$V_5=1.7$，代入方程

$$\ln[\frac{p}{1-p}] = 0.31 + 0.003*70 + -0.58*1 + -0.25*3 + 0.25*1.7 = -0.385$$

$$\rightarrow p = 0.41$$

第五步，根据趋势得分将案例分组，如果分为 4 组的话，那么 5 号与 2 号的趋势得分更加接近，于是 2 号就是 5 号在 V_1 变量缺失值上的供者，这里的缺失值就用 0.6 来替代。

如果分为 2 组的话，那么 5 号与 2 号、3 号的趋势得分都很接近，于是在 2 号、3 号之间随机抽取一个值来替代 5 号在 V_1 变量上的缺失值。

在分组之后，如果是在同一组内找到缺失值的"供者"，用"供者"的值来替代缺失值，那么就属于热平台插补法。也可以

在分组之后，再对每一组数据应用近似贝叶斯自助（approximate Bayesian Bootstrap）的方法[1]进行插补,这就属于多重插补的方法了。

（2）最近距离插补

它是指利用辅助变量，定义一个已观测样本之间的距离函数，在与缺失值临近的回答样本中，选择满足所设定距离条件的辅助变量，将这个辅助变量中的回答样本所对应的目标变量上的回答值作为插补值（庞新生，2012）。用于定义赋值单位的距离函数可以有很多类型，马氏距离、欧式距离就是其中常用的两种（Fellegi and Holt，1976）。

例如，表 1.7 中目标变量 a 和辅助变量 d 具有密切的关系，根据变量 d 计算出距离函数之后发现离 4 号样本距离最近的是 1 号样本，于是就用 1 号样本的值（733.26）来替代变量 a 中的 4 号样本的缺失值。

表 1.7　最近距离插补简单示意

案例编号	变量 a	辅助变量 b
1	733.26	873
2	625.30	556
3	1 256.18	1 000
4	—	920
5	489.65	450

---

[1]　自助法（Bootstrap）：其核心思想和基本步骤如下：①采用重抽样技术从原始样本中抽取一定数量（自己给定）的样本，此过程允许重复抽样。②根据抽出的样本计算给定的统计量 T。③重复 N 次（一般大于 1 000），得到 N 个统计量 T。④计算上述 N 个统计量 T 的样本方差，得到估计量方差。

在大多数情况下，我们判定辅助变量的方法是用相关系数矩阵，通过计算辅助变量与目标变量的相关系数矩阵，来寻找与目标变量最相关的辅助变量。

（3）*K*- 最近邻插补法

如果数据的某一变量上有缺失，找出离缺失值距离最近的 k 个完全数据，用它们的平均值来填充缺失值。如何选取合适的 k 值是关键问题，可通过重复实验找到合适的 k 值。

（4）象限近邻插补法

象限近邻插补法（Quadrant Encapsidated Nearest Neighbor Based Imputation，简称 QENNI）是指通过找出缺失值周围象限方向的所有最近邻点对其加权来插补缺失值。

（5）序贯热平台插补法

该方法是在最近距离热平台插补法的基础上提出的。首先对样本进行分层，然后在每层中按照某些辅助变量对样本进行排序，对于有数据缺失的单元，用同一层中其前后相邻的 k 个数据中，找到使得设定的某一个距离函数的值达到最小的单元，那么该单元所对应的目标变量上的回答单元即插补值。这种方法通常要求用于构建距离函数的辅助变量和目标变量之间高度相关。（庞新生，2012）

该方法存在的问题是：插补值的选择是由辅助变量决定的，用不同的变量进行排序得到的序列不同，对某一缺失值来说可能采用的插补值也就不同。因此，应该选择与研究变量性质高度相关的排序变量，使得排列位置相邻的单位在研究性质上也相近。

热平台法是一种历史比较悠久的单一插补法，在实践中最为常用。美国普查局多年来都采用了这种方法。它优于列表删除、成对删除和均值插补，热平台插补法在保持变量的经验分布方面有比较好的效果。其缺点在于其中的"**相似**"较难界定，可以有很多种方法，而且在大型数据集中，运用此方法就显得过于烦琐，并且在模拟数据的分布特征的时候也可能缺乏准确性。除了随机抽样热平台法外，其他的方法都无法给出明确的均方误差估计公式，这就使得无法对热平台插补法的效果进行理论上的探讨。

1.2.4 冷平台插补

与热平台插补的不同之处在于热平台插补使用当前调查的供者，而冷平台插补则使用其他资料中的供者，例如，用以往相类似调查中的某个值，或者使用历史数据。

1.2.5 LOCF 与 BOCF 法

在时间序列数据中，还可以用最后一期观察的数来代替缺失值（Last Observation Carried Forward，LOCF），对于横截面的数据，也可以按照某些辅助变量排序，对于第一个缺失值，用它前面的那一个样本的回答值来替代，以此类推，如图 1.1 所示。

TABLE 2.4. Longitudinal Data Set Imputed with Last Observation Carried Forward

	Observed data				Last observation carried forward			
ID	Wave 1	Wave 2	Wave 3	Wave 4	Wave 1	Wave 2	Wave 3	Wave 4
1	50	53	—	—	50	53	53	53
2	47	46	49	51	47	46	49	51
3	43	—	—	—	43	43	43	43
4	55	—	56	59	55	55	56	59
5	45	45	47	46	45	45	47	46

Note. Bold typeface denotes imputed values.

图 1.1　LOCF 法示意图（转引自 Enders，2010，p52）

BOCF 是指在时间序列数据中，用基线观察的数来代替缺失值（Baseline Observation Carried Forward，BOCF）。

这两种方法即使在完全随机缺失的机制下，有时也会导致有偏的估计（Molenberghs and Kenward，2007）。

上述的多种单一插补法可能会扭曲目标变量的分布，使插补变量的方差被低估，还可能歪曲变量与变量间的关系，无法得到真实的关系。另外一个问题是基于插补的数据推断参数，无法解释插补的不确定性。为弥补单一插补的缺陷，多重插补法应运而生。

/ 第 2 章 /

多重插补法概述

2.1　多重插补的基本原理

多重插补的思想可以追溯到 Dempster、Laird、Rubin 三位学者在 1977 年的 *Maximum Likelihood from Incomplete Data via the EM Algorithm* 文章中提出的 EM 算法，虽然这篇文章中并没有发明这个专有词汇。同年，Rubin 教授在给美国社会保障局递交的一份项目报告——*The design of a general and flexible system for handling nonresponse in sample surveys*[1] 中提出了多重插补的思想，从而开始了多重插补方法的时代，后来 Rubin 教授在 1987 年的专著 *Multiple Imputation for Nonresponse in Surveys* 中进一步完整地介绍了多重插补的原理和方法，进而确立了这种方法的地位。

2.1.1　什么是多重插补

简单地说，多重插补（multiple imputation）就是给每个缺失单元插补上多个值。但是这些值不会被单独使用，而是要被合并为一个综合结果。

多重插补如图 2.1 所示，主要包括三大步骤，即插补、分析、综合。

具体地讲，首先要计算出目标变量上的估计量及其分布（例如目标变量是收入，想获得的估计量是收入的均值、收入的方差）

---

[1]　这份报告后来于 2004 年在期刊上发表。Rubin, D. B. (2004). The design of a general and flexible system for handling nonresponse in sample surveys. *The American Statistician*, 58 (4)：298-302.

然后，创建多个插补的数据集，因为每一个数据集内的插补值不一样，所以估计出来的参数也不一样；接下来要对这些数据集估计出来的参数进行整合，综合为一个结果（"综合"的计算办法，参见 2.1.6 节的内容）。

在对变量进行描述或者研究变量之间关系（检验理论假设 [1]）的时候，要使用的是这些"综合"（Pooling，SPSS 的输出表中翻译为"汇聚"）的结果。也就是说，如果采用多重插补，那么对缺失值的插补过程和对理论假设的检验过程是分不开的。

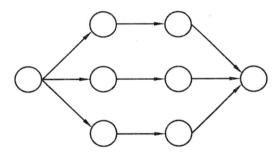

Incomplete data　　Imputed data　　Analysis results　　Pooled results

图 2.1　多重插补简单示意图（转引自 Van Buuren，2012，p17）

例如，我们给表 2.1 中的缺失单元进行多重插补的话，假设插补 3 次，那么插补后就会产生 3 个数据集，每个数据集中，每一个缺失单元中插补出来的数值不尽相同。

---

[1]　理论假设是指，在做研究的时候，要对现象之间的关系作出描述，然后借助统计分析的方法来检验这个描述在多大的置信水平上是正确的。例如，在使用数据进行分析时，假设人们的收入受到教育水平、性别、职业的影响，这就是一个理论假设。

表 2.1　多重插补前的数据形式简单示意

案例编号	变量 a	变量 b	变量 c	变量 d
1	733.26	18	123	1
2	625.30	—	554	1
3	1 256.18	29	—	1
4	—	74	—	0
5	489.65	44	862	0

　　如图 2.2 所示，使用 SPSS 软件插补 3 次之后的数据集表现为如下样式，其中，新增一个标识变量，表示第几个插补的数据集，0 表示原始的有缺失值的数据集，1 就表示第 1 个插补的数据集。我们发现在变量 a 的第 4 条案例上，第 1 个插补值为 785.09，第 2 个插补值为 747.37，第 3 个插补值为 811.26，这就反映出对于同一个数据缺失单元，可供的插补值的变异性。

	Imputation	id	a	b	c	d	变量
1	0	1.00	733.26	18.00	123.00	1.00	
2	0	2.00	625.30		554.00	1.00	
3	0	3.00	1256.18	29.00		1.00	
4	0	4.00		74.00		.00	
5	0	5.00	489.65	44.00	862.00	.00	
6	1	1.00	733.26	18.00	123.00	1.00	
7	1	2.00	625.30	545.03	554.00	1.00	
8	1	3.00	1256.18	29.00	491.13	1.00	
9	1	4.00	785.09	74.00	511.05	.00	
10	1	5.00	489.65	44.00	862.00	.00	
11	2	1.00	733.26	18.00	123.00	1.00	
12	2	2.00	625.30	16.92	554.00	1.00	
13	2	3.00	1256.18	29.00	527.01	1.00	
14	2	4.00	747.37	74.00	519.45	.00	
15	2	5.00	489.65	44.00	862.00	.00	
16	3	1.00	733.26	18.00	123.00	1.00	
17	3	2.00	625.30	29.27	554.00	1.00	
18	3	3.00	1256.18	29.00	522.40	1.00	
19	3	4.00	811.26	74.00	536.93	.00	
20	3	5.00	489.65	44.00	862.00	.00	
21							

图 2.2　多重插补后的数据形式简单示意图（SPSS 软件）

插补之后，并没有完成全部作业，接下来，研究者要做变量描述，或者分析变量之间的关系，那么要使用哪一个数据集呢？参见图 2.3，如果我们对插补后的变量 *a*、*b*、*c* 采用 SPSS 软件作单变量描述的话，会出现原始数据集的结果，数据集 1、数据集 2、数据集 3 各自的结果，还有一个"汇聚"的结果，最后这个"汇聚"的结果才是研究者们要用的。

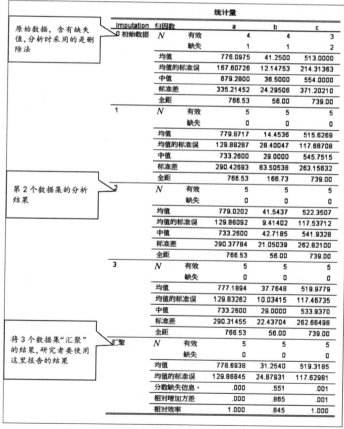

图 2.3　多重插补后的描述分析输出结果（SPSS 软件）

那么，接下来，我们会产生这样的一系列疑问：

a. 一个缺失的单元为什么可以给出多个插补值呢？

b. 这些插补值是怎么计算出来的？

c. 既然要插补多次，那么需要插补多少次比较合适？

d. 插补后的数据集该怎么用？

e. 什么情况下可以用多重插补？

f. 最后，怎样借助统计软件来做多重插补？

针对以上问题，除了最后一个问题将在本书的第三部分给出答案之外，其余问题都将在本章进行解答，并将在下一章给出具体操作步骤。

首先，我们要回答的问题是，一个缺失的单元为什么可以给出多个插补值。

2.1.2　为什么一个缺失单元可以有多个插补值

在回答这个问题之前，我们先来看单一插补的几个特点。

假设我们给一个变量的缺失值进行均值插补的话，那么这个值就是一个固定的唯一值，基于的假定是，在这个变量上无回答的人，代表回答者的平均化水平。但是，如果这个变量上无回答者并不是这样的呢？对于一个缺失单元，有的时候，我们有足够把握推断其合理值，但很多时候只有较低的把握。对于前者，单一插补和多重插补相比并不逊色，但是对于后者，则有很大可能带来推断上的偏差，而多重插补对于这样两种情况都能进行处理。

另一方面，用单一插补除了能给出一个插补值之外，却无法获得合理的标准误，没有标准误也就无法评估参数估计的不确定性的程度。

针对单一插补中的这种缺陷，统计学家提出了多重插补的思想，希望能以此矫正单一插补可能带来的偏差并且获知推断的不确定性。

那么，怎样才能将不确定性找出来并纳入分析呢？首先要有这样的假定：即缺失的数据能够从已经回答了的数据中找出信息来。这也是单一插补的一个假定条件。多重插补和单一插补在使用这个假定的时候，有一点不同：单一插补假定从回答数据中能够预测出缺失数据的"最佳值"，而多重插补则假定从回答数据中能够找出缺失数据的概率分布。

多重插补认为给一个缺失单元找一个"最佳值"是非常可能导致偏差的。相反，如果一个缺失单元的值会符合某种概率分布，从中抽取一个随机样本，对其进行模拟产生一个完整的数据集，然后进行多次的抽取、模拟，那么这个缺失的单元就有可能有多个合理的值，这一系列的插补值可以计算出一个合并后的估计值，并且能够计算标准误。这样，就可以根据概率分布把由于缺失值而产生的多种可能性（不确定性）给反映出来了。

因此，多重插补会给一个缺失的单元插补上多个值，但是这些值不会被单独使用，接下来要借助一种"综合"的思路，把由缺失值而产生的不确定性（有的文献中也称为"变异性"）进行汇总。研究者们要使用的是综合以后的结果。

接下来的问题是，多个插补值是怎么来的？为了回答这个问题，我们首先要明确一个前提假定条件，即缺失机制的不同决定了不同的插补值算法。

2.1.3 缺失类型

各种算法都有各自的假定条件，从操作程序上讲，多重插补的第一个步骤就是要判断数据缺失的机制。而单一插补的值是否有偏，单一插补是否合适也需要根据数据缺失的机制来判断。为此，了解数据缺失机制是处理缺失值之前关键的第一步。

现有的文献按照四种维度对缺失的类型进行了划分，其中第三种划分方法即"缺失机制"：

第一种，按照包含缺失值的变量个数来分，可分为单变量缺失和多变量缺失。

第二种，按照包含缺失值的多个变量结构上的特点可以分为单调缺失和任意缺失模式。

第三种，按照缺失值和观测值的关系可以分为完全随机缺失、随机缺失和非随机缺失三类缺失机制。

第四种，根据缺失数据的影响，将缺失数据产生机制概括为可忽略和不可忽略两种类型。

1）单变量缺失、多变量缺失

单变量缺失是指在要分析的模型中，只有一个变量含有缺失值。所谓多变量缺失模式是指，要分析的模型中有至少两个变量存在缺失数据。在研究当中，我们更多的时候遇见的是多变量缺失的情况，以下要分析的各种缺失模式也是针对多变量缺失而言的。

2）单调缺失模式与任意缺失模式

单调模式（monotone missingness pattern）是指，把变量排序后，再把样本按照"回答"和"未回答"进行排序，如果出现表2.2中左边这种情况，即缺失比例依据变量的排列顺序，不断在增加，这就是单调缺失模式。

任意缺失模式是无规律可循的杂乱缺失模式。如表2.2中的右，无论把变量1、变量2、变量3怎么排列，都不会出现单调缺失的模式。

表 2.2　单调缺失模式与任意缺失模式简单示意

单调缺失				任意缺失			
案例	变量 1	变量 2	变量 3	案例	变量 1	变量 2	变量 3
1	X	X	X	1	X	X	X
2	X	X	.	2	.	X	X
3	X	X	.	3	X	.	X
4	X	.	.	4	.	X	.

注："X"表示有观测值，"."表示缺失值。

单调缺失更有可能在历时数据中出现。某些案例在第一次调查中回答了，在第二次中退出了，也有的案例到了第三次才退出，往后的几次调查中都是缺失。也有很大的可能是由于问卷太长导致中断，从而形成了单调缺失。例如，问卷题目越往后，中断的人越多，而中断访问的人不会再回来继续回答了，这就出现了单调缺失。

3）完全随机缺失、随机缺失、非随机缺失

Little and Rubin（1987）把缺失数据分为三种缺失机制：完全随机缺失机制（Missing Completely at Random，MCAR）、随机缺失机制（Missing at Random，MAR）和非随机缺失机制（Not Missing at Random， NMAR，有的文献写为 Missing Not at Random， MNAR，二者概念相同）。

缺失数据产生机制是通过探讨缺失数据、观测数据与目标变量是否有关而界定的。

（1）完全随机缺失机制

如果缺失数据发生的概率与已观测到的数据无关，并且与未观测到的数据也无关，那么该缺失数据类型即为**完全随机缺失机制（MCAR）**。换个角度来理解，如果所有案例的缺失概率都相同，就是完全随机缺失。这实际上是在暗示，产生缺失数据的原因和提供数据的样本本身没有任何关系。

例如，我们要研究人们的健康和体重的关系，在测量体重的时候，使用电子体重秤，结果由于没有电了，导致几个人的体重没有测量到（Van Buuren， 2012）。这个缺失原因和来测量体重的人没有关系，和那些没有来测量体重的人也没有关系。

再比如，我们在一次调查中，测量了人们的血压、血糖和饮食习惯，有些人的血糖数据因为不小心打破了血液采集器而导致了缺失，这种缺失就是完全随机缺失机制。

（2）随机缺失机制

什么是**随机缺失机制（MAR）**呢？是指**在一定的条件下，**如果缺失数据发生的概率与所观测到的数据是有关的，而与未观测到的数据无关，则定义为随机缺失机制。这个定义还可以这样表达，如果根据观测来的数据将样本分为不同的组，在同组内的所有样本的缺失概率都相同，那么就是随机缺失机制。也有的学者这样定义，"当控制了其他变量之后，目标变量上的缺失与该变量的值没有关系，就称为随机缺失机制"（Allison，2002）。

例如，在有关体重秤的那个例子中，体重秤有时放在一个软的地面上，有时放在硬的地面上，研究者记录了体重，也记录了是在软地面还是硬地面测量回来的。结果发现，在软地面产生的缺失数据比在硬地面上测量的多，但是，在软地面上测量的一组人中，缺失值是完全随机缺失的，在硬地面上测量的一组人当中，缺失值也与体重没有任何关系。这种现象是随机缺失（Van Buuren， 2012），可以表述为，依据测量地面的软硬，体重变量的缺失是随机缺失。

再比如，收入这个变量有缺失值，我们发现，高收入者不太愿意回答，说明缺失的概率和收入的值有关系，但是只有这一条还不足以判断是否为随机缺失。假设这时我们的数据中有一个变量是职业，我们把职业分为白领和蓝领两类，在白领中，也有不回答收入的，但是在他们当中回答还是不回答与收入的值没有任何关系；同样，在蓝领中，回答的概率与收入的值也没有任何关系。那么，这个时候，我们才可以说，"依据职业分类，收入变量是随机缺失机制"（Carpenter，2013）。

从上面两个例子中可以看出，在随机缺失机制的定义中，"**一定的条件**"非常关键，这也说明能够找出影响缺失概率的指标至关重要。如果找到并测量了影响缺失概率的指标，那么依据这个指标将研究变量分组，在各个组内缺失概率如果是完全随机缺失的机制，就可以说，"**依据某某变量**，所研究的变量是随机缺失机制"。

对缺失数据的研究一般是基于随机缺失机制或完全随机缺失机制展开的。MCAR 可以看作是 MAR 的一个特例（Schafer and Graham，2002）。多重插补的前提假定条件就是数据的缺失属于随机缺失机制或完全随机缺失机制。

（3）非随机缺失机制

如果数据不满足以上两种缺失方式的条件，则称为**非随机缺失(NMAR)**。意味着缺失的概率会随着我们未知的原因而变化。

例如，体重秤可能用了很长时间了，用得久的体重秤产生了更多的缺失值，但是我们没有测量体重秤用了多长时间这个变量（Van Buuren， 2012）。

这是缺失数据中最麻烦的一种。在非随机缺失机制中，由于数据缺失的概率依赖于未被观测的数据，我们就无法使用观测数据对该缺失机制下的模型估计方法的正确性进行验证，从而陷入一种不可识别的困境中。

从三种缺失机制的定义中，我们也应该得到这样的启发，就是在研究设计的阶段，要考虑到影响研究变量缺失概率的因素，而且要将这些因素也一并测量，这样才有可能分析和判断研究变量在依据某个或某些因素的情况下，是否符合随机缺失机制，尽量避免非随机缺失机制的情况发生。

完全随机缺失是缺失数据问题中最简单的一种，其优点是即使使用单一插补也可以得出无偏的参数估计值，但实际资料分析中符合完全随机缺失的情况非常少见，因为一般情况下，缺失都是有原因的。

随机缺失的机制取决于观测的数据，但不取决于未观测到的数据（Schafer and Graham， 2002）。这就要求研究者在观测的时候尽可能地找到影响缺失的因素，其优点是使用适当的多重插补可以产生无偏的参数估计值。

现实中也常有这样的情况：在调查中，无论如何寻找调查中的其他变量来解释研究变量上的缺失，总是找不到，由此而导致非随机缺失机制。对于这种类型的缺失数据，采用任何关于缺失数据的处理方法和分析都可能是有偏的，只有依靠足够大的样本量才有可能弥补这类缺失数据造成的偏差。

4）可忽略的缺失、不可忽略的缺失

根据缺失数据的影响将缺失数据产生机制概括为可忽略（ignorable）和不可忽略（nonignorable）两种类型。

完全随机缺失机制和随机缺失机制都属于可忽略的缺失，按照 Rubin 的定义（Little and Rubin，2002），如果在随机缺失的机制下，缺失数据的出现是随机的，并且完全数据集的参数和缺失数据模型中的参数是独立的、无关的，我们就将该类缺失数据产生机制定义为可忽略的（Van Buuren，2012）。可忽略机制下产生的缺失数据是由于偶然因素造成的，对统计推断影响小，可以忽略。

另外，缺失机制的假定是为了推导计算参数的公式。如果在不用假定缺失机制的情况之下也能得出有效的估计的话，亦称为可忽略的缺失机制。

不可忽略的缺失则是经常使用的非随机缺失的同义词。不可忽略机制下产生的缺失数据常常是由于系统性因素造成的，容易产生比较大的偏差。

新近文献指出，即使当数据面临不可忽略的缺失机制时，仍可以通过新方法部分弥补它造成的偏差（Collins，Schafer and Kam，2001）。Enders（2010）详细阐释了多个用来处理非随机缺失数据的模型，包括选择模型和模式混合模型。上述两个模型通过不同方法,将观测数据和数据缺失概率的联合分布纳入计算。

5) 如何判断缺失机制

判断缺失机制首先要识别出是单变量缺失还是多变量缺失,是单调缺失还是任意缺失。这个工作比较容易。

针对任意缺失的模式,需要判断是完全随机缺失、随机缺失还是非随机缺失。在这个步骤中,实际上就是在观测数据中寻找能够解释研究变量缺失概率的因素,检验研究变量在依据某些因素的前提下,是否为随机缺失机制。

只看观测来的数据是无法判断是否为随机缺失机制的,一个好办法是尽量考虑到缺失数据产生的原因,尽可能地测量出影响数据缺失的主要变量,并将其纳入插补模型;然后在执行多重插补之后进行诊断,如果经过多方诊断没有得到合理的结果,那么可视为非随机缺失机制。这说明,有些影响缺失的因素并没有被想到,也没有被测量到。

还有一种情况是,已经知道有些影响缺失的主要因素没有被测量到,那么可以直接判断为非随机缺失机制。

此外,还可以尝试以下几种判别缺失机制的方法(庞新生,2013):

① 使用辅助变量比较差异

由于在一般调查中,目标变量通常会与重要的辅助变量存在不同程度的相关性,因此,首先要确定必要的辅助变量,然后可以根据这些辅助变量来判别回答机制的类型。如果回答层的辅助变量与无回答层的辅助变量存在显著的差异，那么可以认为回答层与无回答层目标变量的差异也是显著的，即这种回答机制是不可忽略的；反之，若这种差异并不显著，那么无回答机制就是可以忽略的。

② 建立影响回答概率的 Logit 模型

以目标变量是否有缺失为因变量，进行 logit 转换之后，和目标变量、辅助变量一起做回归。

例如，针对收入这个目标变量，先生成一个虚拟变量，用 1 表示回答，用 0 表示无回答，然后对回答概率进行 logit 转换，作为因变量，再将收入这个目标变量和职业、婚姻、年龄等辅助变量一起作为自变量建立 logistic 回归模型。

如果收入变量上的回归系数与零无显著区别，那就说明，当控制了一些影响因素之后，目标变量上的缺失概率与目标变量本身的值无关，也就可以认为这个目标变量的缺失属于随机缺失机制。

③ 使用样本分布比较差异

先用目标变量中的所有被观测到的样本做出样本分布的描述，然后利用多重插补之后的数据集再做出一个完全样本的分布，如果二者分布基本相同，就说明被舍弃的不完全回答的样本、完全回答的样本都是总体的一个随机子样本，也就是说，符合完全随机缺失机制，但是这种办法无法判断是不是符合随机缺失机制。

2.1.4　多重插补的方法

读者们在使用统计软件操作多重插补的时候或者在阅读相关文献的时候，会发现有以下各种称谓的方法：EM 算法、DA 算法、MCMC 法、联合模型法（JM）、完全条件定义法（FCS）、回归法、预测均值匹配法、趋势得分法、判别分析法……那么这些方法的特点是什么？如何分类和选择呢？

为了解释这些方法，首先要将这些方法做一个分类以便于读者们理解。我们在选择多重插补的方法时，要分为不同的情况：是单调缺失还是任意缺失；是单变量缺失还是多变量缺失；还要分为连续型定比变量、半连续型变量、计数变量、定序变量、定类变量等。上述方法正是针对这些不同情况而产生的。

联合模型法、完全条件定义法是指对多变量缺失执行多重插补时，对于多个变量如何加以利用的策略。这两种策略是近十年里逐渐形成的。EM 算法、DA 算法是指 MCMC 方法中求解参数有效估计值过程中要用到的计算方法，其中 EM 算法同时也是用最大似然法处理缺失值的一种方法，与多重插补法并列。

1）方法

（1）MCMC 法（Markov Chain Monte Carlo method，MCMC）

多重插补法的根本作用是给一个缺失单元插补多个值，为了获得这些值，前提是知道缺失值符合什么样的概率分布。

如果仅仅依靠研究者们以往的经验，可能并未可知。于是就需要借助贝叶斯（Bayes）理论贝叶斯理论的核心观点是可以从事件的先验概率中得到在某种条件下的后验概率。所谓先验概率就是指试验结果发生之前就可以由逻辑推理而得的概率。例如，投掷质地均匀的硬币，我们知道正面朝上的概率是 50%。后验概率是指通过大量试验可以获得的概率。抽样调查可以看作是一种试验，因此，后验概率反映了人们在抽样后，用总体信息和样本信息对先验概率进行调整之后的结果。可以说，贝叶斯理论的出现才使得多重插补应运而生。

确定了以贝叶斯理论为基本思想，怎么样才能计算出后验概率呢？我们来看看 MCMC 法的逻辑：MCMC 法，中文术语是马尔科夫链蒙特卡洛方法，这是贝叶斯理论中的一种探求后验分布的方法，有时也称作随机抽样技术（random sampling）。Schafter（1997）将其应用于多重插补中，用于处理多变量任意缺失模式下的数据。此种方法通过插补及后延两步循环进行，为缺失值抽取出相应的插补值。

MCMC 方法是一组方法的集合，先利用由 EM 算法获得初始的插补值（Allison， 2002），然后，基于原有数据和 EM 算法得来的初始插补值，开始运用数据扩增算法（Data Augmentation，DA）执行 I 步和 P 步：

I 步：从条件分布中抽取插补缺失值，该条件分布由给定的观测值和假定的参数值（即 EM 算法收敛到的那个值）而得。

P 步：新的参数值再次被抽取出来，这一次是从贝叶斯后验分布中抽取,该分布由给定的观测值和最近的一次插补值计算而得。

很多次地交替使用这两个步骤便建立了一个足够长的马尔科夫链（Markov Chain）,可以收敛于一个稳定的分布而不是一个值,这个分布就是基于给定的观测值的一个有关缺失值和参数值的联合分布。再利用马尔科夫链进行蒙特卡洛积分（Monte Carlo）,有目的地求出后验分布来。这个为缺失数据建立的后验分布很稳定,可以进行预测。然后就可以近似独立地从该分布中为缺失值抽取插补值。

在 MCMC 法中,读者们注意到了 EM 算法,那么什么是 EM 算法呢?

EM 算法（Expectation Maximization,EM）,也称期望值最大化法,是 Dempster、Laired 和 Rubin 于 1977 年提出的求参数极大似然估计或最大后验估计的一种方法。EM 算法不仅仅应用在多重插补中,读者在别的统计文献中也会见到这个词。在处理缺失值的时候有两大现代的方法——最大似然法和多重插补法,其中 EM 算法本身也是最大似然法中的一种。在多重插补的过程中,EM 算法被用来获得均值、方差、协方差的有效估计值,但它只是多重插补法中的步骤之一。

EM 算法以缺失数据和模型参数之间的迭代关系为推导的基础,先在假定模型参数的基础上得到缺失数据的估计,然后再利用缺失值的估计值修正模型参数,这样不断地进行迭代,直至模型参数值收敛[1]。EM 算法的主要特点在于提供一个简单的迭代算法来计算极大似然估计值，算法简单而稳定（Little and Rubin，1987，1989）。

按照 Dempster、Laired 和 Rubin 的解释，EM 法分为"E"步骤和"M"步骤。"E"步，即在给定的观测数据和当前得到的参数估计值的条件下，求出缺失数据的条件期望；"M"步则利用从 E 步得出来的期望值，用最大似然估计再次更新参数值；然后交替执行以上步骤，直到参数的估计值收敛为止。（Dempster，Laired and Rubin，1977）该方法一个重要的前提是适用于大样本。有效样本的数量足以保证极大似然估计的估计值是渐近、无偏的，并服从正态分布。EM 算法的不足之处在于：第一，不同的模型需要不同的程序，不存在统一的处理程序。第二，当缺失数据比较多时，运算速度往往比较慢。这种方法会遇到收敛率的问题，其收敛率由数据集中的缺失信息比例所确定（缺失信息比例的定义参见下一节），缺失信息比例高会导致收敛速度很慢，可能要很多次迭代，并且计算很复杂。在某些情况下可能不存在唯一的最大值，例如当缺失值比例较高，由观测数据建立的模型参数过多，就未必能保证有唯一的最大值，或者在小样本抽样中，也可能出现似然函数有多个模型或多个峰值，可能不存在唯一最大值。第三，标准差只能在运算收敛后通过其他均值计算，无法直接获得（庞新生，2013）。

---

[1] 所谓收敛，简单地说，就是指新模拟出来的模型和之前的模型没有统计上的差异，即不管再怎样模拟，得出来的结果都是一致的、稳定的。

以上是关于 MCMC 法的简单描述。所有的多重插补方法可以分为参数和非参数两大类，MCMC 属于参数插补的方法。

（2）回归预测法

它是指对带有缺失值的任一变量，以无缺失值且与缺失数据相关的变量作为辅助变量，建立适当的回归模型，然后根据得到的模型插补缺失值；包括线性回归、logistic 回归（二分类、多分类和定序变量的 logistic 回归）、计数变量回归等。它属于参数插补的方法。

（3）判别分析法（discriminant Function method）

它是指以没有缺失值且与缺失数据相关的变量作为辅助变量，建立适当判别函数模型，然后根据得到的模型插补缺失值。针对待插补的变量为定类变量，辅助变量为连续变量时使用。它属于参数插补的方法。

（4）预测均值匹配法（Predictive Mean Match， PMM）

预测均值匹配法针对连续型的变量使用。该方法假设在不完全变量与完全变量之间存在线性回归关系。如果目标变量存在缺失值，与其有线性回归关系的自变量没有缺失值，那么建立双方的回归模型之后，得到回归系数的参数估计。在每一次的插补中，都从回归系数估计值的后验分布中随机抽取新的参数，用这些新的参数计算出预测值，用来替代缺失值。在预测模型中有一个模拟的正态误差随机残差和模型的方差估计值，从而可以反映插补值的不确定性（Little，1988）。这种方法可以保证在正态性假设不成立的情况下，填补适当的值。但难点是随机误差项的确定通常是比较困难的。

预测均值匹配法与线性回归插补法模拟过程相似，不同之处在于预测均值匹配法并不直接以具体的预测值作为插补值，而是从回归系数估计值的后验分布中随机抽取 m 个参数，用这些新的参数再计算出预测值。

预测均值匹配法属于半参数的方法（partially parametric method）。

（5）倾向值得分法（Propensity Score, PS）

有的文献也翻译成"趋势得分法"，本书第 1 章在热平台单一插补法中提到该概念。该方法是指，在给定观测协变量时分配给一个特殊处理的条件概率，它对每个有缺失值的变量产生一个倾向值得分（趋势得分）来表示观测缺失的概率，之后根据这些得分把观测分组，最后再对每一组数据应用近似贝叶斯自助（approximate Bayesian Bootstrap）法进行插补（Rosenbaum and Rubin, 1983 ; Rubin, 1987; Rubin & Schenker, 1991）。

其具体步骤是：先将目标变量转换成回答与否的指示性变量（0=无回答；1=回答）；然后根据变量之间的关系构建Logistic模型，计算出每一个样本的回答概率，称为"倾向值得分"（趋势得分）；然后用倾向值得分将样本分组，在每一组的观测样本中，有放回地重复随机抽取 n 个值来插补缺失数据；然后再用自助法来计算统计量的方差。有的文献也把这种方法称为

"热平台多重插补法"（Allison，2002）。这里找供者的方法与本书在第1章介绍的热平台单一插补方法不同，而是使用了Rubin提供的近似贝叶斯自助法。

反复执行多次获得多个插补数据集，然后再对插补后的数据分析结果做合并运算。

该方法属于非参数的方法。优势之一在于对单一变量的缺失值有效。但是该方法只用到了与被插补变量值是否缺失相关的辅助变量信息，而且要求是分类变量（Allison，2002），和预测均值匹配法相比较，后者不局限于分类变量。

上述介绍中提到参数和非参数的方法，二者之间的优缺点是相对的，参数的方法追求获得较低的标准误，在未能完美满足前提条件的情况下，可能会得到估计上的偏差，而非参数的方法追求的正好相反。

2）策略：联合模型 VS 完全条件定义法

两种多重插补策略均基于缺失数据为可忽略的缺失机制，即随机缺失（MAR）与完全随机缺失（MCAR）。

（1）联合模型法（Joint Modeling，JM）

JM 策略插补方法，在假定参数的多元密度分布下，利用贝叶斯理论从联合后验分布中抽取插补值。该方法能产生对参数的有效推断，但缺乏对模型设定的灵活性，尤其对于大样本、复杂型数据，对其建立已观测值与缺失值的联合分布模型，以及计算模型收敛性都是非常困难的。MCMC 法即是基于联合模型策略的方法。

（2）完全条件定义法（Fully Conditional Specification， FCS）

FCS 策略插补方法（van Buuren， Boshuizen， and Knook，1999； Raghunathan et al.， 2001； van Buuren et al.， 2006；van Buuren， 2007a； White， Royston， and Wood， 2011； and Royston， 2004， 2005a， 2005b， 2007， 2009），由 van Buuren 等学者于 1999 年提出，其特点是在插补时不要求待插补变量和已观测变量之间符合某种联合分布，而是利用单个变量的条件分布建立一系列回归模型，按照变量上的缺失比例从小到大依次进行插补。每次插补都包括两个阶段：预插补阶段和插补阶段。在预插补阶段，所有变量的缺失值依序一次插补完成，该阶段可为插补阶段提供缺失数据的初始值。在插补阶段，每个变量的缺失值在最终插补前，都需要依次进行一系列的迭代运算。

FCS 又称为链式方程多变量插补（multivariate imputation using chained equations， MICE）（van Buuren， Boshuizen， and Knook 1999）或逐步回归多变量插补（sequential regression multivariate imputation， SRMI）（Raghunathan et al. 2001）。van Burren 也称其为 MICE 法。

其优势在于对模型构建及变量间关系的表达具有很大的灵活性，它将一个 K 维问题分解成 K 个一维问题，可以创建更加灵活的除常见多元模型外的其他模型形式，解决在多元密度下难以进行插补的问题。例如，对于一个有范围限定的连续型变量，在 FCS 策略下，可以使用预测均值匹配法（参见 STATA 中的 mi impute pmm 语法）或者截断回归（truncated regression，参见 STATA 中的 mi impute truncreg 语法）。还可以定义一个子样本，只用子样本内的观测进行插补（参见 STATA 中的 conditional imputation）。该方法虽缺乏明确的理论基础，但研究表明该法可以得到无偏的估计，在模拟研究与实际应用中均表现良好，近年来该方法经常被研究者使用。

　3）多重插补方法的选择

表 2.3　多重插补方法的分类

缺失模式	待插补的变量类型	插补方法	STATA 中的命令
单变量缺失	连续型	回归法，预测均值匹配法（Rubin 1987；Schenker and Taylor 1996）	regress，pmm
	截断型 [a]	截断回归，预测均值匹配法（Raghunathan et al. 2001）	truncreg，pmm
	归并型 [b]	区间回归（Royston 2007）	intreg
	区间型 [c]	区间回归（Royston 2007）	intreg
	计数型 [d]	泊松回归，负二项回归（Raghunathan et al. 2001）	poisson，nbreg
	定类 / 定序型	Logistic 回归（Raghunathan et al. 2001）．	logit，ologit，mlogit
多变量单调缺失	混合型	单调模式 + 单变量缺失的各种插补方法 [e]	monotone uvmethod

续表

缺失模式	待插补的变量类型	插补方法	STATA 中的命令
多变量任意	混合型	FCS 法 /MICE 法	chained
缺失	连续型	MCMC 法（Schafer 1997）	mvn

注：a. 截断型变量（truncated variable）通常是由于条件限制使得样本不能随机抽取而产生的，即不能从全部个体，而只能从一部分个体中随机抽取被解释变量的样本观测值，而这部分个体的观测值都大于或者小于某个确定值，在实际中表现为"掐头"或者"去尾"。它首先是连续型的变量，但是在某个范围之外存在观测不到数据的情形。例如，分析对象是月收入，自变量有年龄、教育，那些没有月收入的人，不仅因变量没有值，自变量也没有值，因为那些没有收入的人没有进入样本。概括来说，其主要特点是观测区间以外的，没有观测数据。

b. 归并型变量（censored variable）是指将被解释变量在某个区间的样本观测值都转化为同一个值，即用一个相同的值代替。例如，分析对象是人们对于社会学专业本科招生的需求量，假设目前的国内大学招生社会学专业本科生的名额总数最大额是 5 万，那么即使用自变量和回归模型预测出需求量超出了 5 万，那么超出的部分都被归并为 5 万这个值上，这就是归并变量。归并变量还经常出现在 0 这个值上的归并。概括来说，其主要特点是观测区间以外的，被归并为特定的值。

截断变量和归并变量也综合称之为半连续型变量（semi-continuous data），它们和计数变量的区别是后者是离散型的。

c. 区间变量（interval variable）是指一个变量用数值区间的方式进行测量，例如，询问人们的月收入的区间，生活费支出的区间。

d. 计数变量（count variable），数值是离散型，最小值是 0，并且多数情况下符合泊松分布或负二项分布，例如，一个妇女一生生育的子女数，一个学者一年发表的文章数。

e. 在表 2.3 中，"单调模式 + 单变量缺失的各种插补方法"是指，在多重插补时，如果是多变量单调缺失，需要用 monotone 的命令，并且配合单变量缺失中的各种方法共同使用。

例如，在 STATA 中可以对单调缺失模式下 y，x1 变量采用线性回归插补法：

```
mi impute monotone (regress) y x1 = x2 x3 x4, add (10);
```

也会遇到这样的需求，在单调缺失模式下对不同的变量采用不用的方法：

```
mi impute monotone (regress) y x1 x2 (pmm, knn(5))x3 = z1 z2, add(10)
```

这句命令，表达的是这些变量属于单调缺失，对 y，x1，x3 采用线性回归法进行插补，对于 x3 采用预测均值匹配法进行插补。

（1）对于单变量缺失而言

联合模型多重插补策略对缺失的单个连续变量插补时，可获得最为接近完整数据集的整体均值；联合模型多重插补策略对缺失的单个定类（名义）变量插补时，可获得对缺失个体值最高的插补正确率。

完全条件定义多重插补策略，则在对单个连续变量个体缺失值的插补方面精确度更高，插补后模型的参数偏差也更小；完全条件定义多重插补策略对单个二分类变量个体缺失值的插补精确度方面也更高。在完全条件定义策略里，对单个缺失的多分类变量而言，判别分析法插补正确率高于 logistic 回归插补法。

（2）对于多变量单调缺失模式而言

完全条件定义多重插补策略对连续变量在个体缺失值的插补精确性方面高于联合模型多重插补策略，但联合模型多重插补策略对定类变量的插补正确率高于完全条件定义多重插补策略。

（3）对于多变量任意缺失模式而言

对于多变量任意缺失模式，如果待插补的变量有连续变量，也有定类变量时，完全条件定义多重插补策略下的预测均值匹配法与判别分析法联用（在软件中的运用参见第 3 章的例 2），对连续变量在个体值的插补精确度上更好，对定类变量的插补准确率也较高。

在决定选择什么样的多重插补方法时，一个建议是：

首先先分清楚是单变量缺失还是多变量缺失；然后针对多

变量缺失，再分清楚是单调缺失还是任意缺失；第三步，在多变量任意缺失情况下，要看多变量是否是连续型的变量，并且符合多元正态分布，如果是，那么选择联合策略下的 MCMC 法，如果多变量不符合多元正态分布，那么选择 FCS 策略下的各种方法。

2.1.5　进行多少次插补才有效

在选择合适的插补次数时，需要进行多次的插补实验，根据模型诊断的结果来确定插补次数。

1）诊断指标

对多重插补效果进行诊断包含两类指标：第一类是参数值的稳定性，参数包括均值、方差、标准误、置信区间、显著性检验的结果、回归系数、回归系数的标准误等常用的统计指标；第二类是多重插补中的专用于评估插补效果的指标：

① 相对增加的方差 r[1]：等于插补数据集间方差和插补数据集内方差之比再乘以一个有关插补次数的系数。其作用表示缺失数据带来的方差增加比例，该值越大，表示缺失数据的影响越大。**相对增加的方差越小表明插补次数的变化所导致的方差变化越小，即缺失值对总体参数所造成的影响越小，插补后的数据越稳定，效果越佳。**

---

[1]　相对增加的方差：$r_m = \dfrac{\left(1+\dfrac{1}{m}\right)\sigma_B^2}{\sigma_W^2}$

②缺失信息比例 γ[1]：由自由度和相对增加的方差组成的一个统计量。其作用是表达总体参数的估计在多大程度上受到缺失数据的影响。**总体参数的信息缺失比例越小，插补后的数据越稳定。**

③相对效率 RE[2]：综合反映相对增加的方差和缺失信息比例。其作用是反映缺失信息在多大程度上被多重插补来弥补。数值越大，表示相对效率越高，表示插补后弥补的缺失信息的程度越高。**在缺失信息比例不变的情况下，多重插补的相对效率越高越好。**

从方差的角度看，插补数据集间的方差反映了缺失数据与观测到的数据相比相对包含了多少信息，其值越大表明插补值的变异性越大，插补后的结果越不稳定，因此插补数据集间方差较小时插补的次数较为合理。

插补数据集间方差和数据集内方差的比值及插补次数对自由度产生影响，而自由度又影响方差相对增量的值。当插补次数增多时，自由度随之增大，进而导致方差相对增量随之变小，插补的相对效率增大。如果自由度较小时（例如，自由度 < 10），可以通过增加插补次数来增大自由度，进而获得更高的效率；然而当自由度较大时，增加插补次数的意义不大。

---

[1]　缺失信息百分比：$\gamma_m = \dfrac{r_m + \dfrac{2}{v_m+3}}{r_m+1}$，其中 $v_m = (m-1)\left(1+\dfrac{1}{r_m}\right)^2$，$v_m$ 即自由度。

[2]　相对效率：$RE = \left[1+\dfrac{\gamma_m}{m}\right]^{-1}$

2）插补次数

多重插补的一个优势是即使插补次数很少，也有可能得出一个无偏的估计。Rubin 教授指出，通常进行 3~5 次多重插补就足够了。对于缺失信息比例在 30% 左右的变量，插补 5 次就可以获得很高的相对效率。对于不同比例的缺失值和不同次数的插补，相对效率如表 2.4 所示。

表 2.4　多重插补的相对效率

插补次数 ＼ 缺失比例	10%	20%	30%	50%	70%
3 次	98%	97%	95%	93%	90%
5 次	99%	98%	97%	95%	94%

Rubin 教授（1987）对于插补次数的效率计算依据于一个可变的系数，即（$1+\gamma/m$），其中 γ 表示缺失信息比例，m 是插补的次数。Schafer and Olsen（1998）也认为插补次数的增多带来的好处并没有太多。

近些年来，有些学者认为插补的次数应该为 20~100 次。例如，Royston（2004）提出的插补次数带来的效率的计算公式和 Rubin 的有所不同，为此他认为插补次数应该至少 20 次。Graham et al.（2007）认为应该将统计效力（statistical power）放进计算公式中，为此，如果缺失比例为 0.1、0.3、0.5、0.7，那么插补的次数相应的应该是 20、20、40、100。Bodner（2008）在计算公式中考虑了置信区间、p 值，还有缺失数据的方差贡献比例，认为在缺失数据的方差贡献比例为 0.05、0.1、0.2、0.3、0.5 的情况下，对应的插补次数应该是 3、6、12、24、59、114 次。

White et al.（2011）认为要考虑置信区间、p 值和缺失信息比例。不管怎样，更多的学者都赞同先以 m=5 次开始插补，然后根据模型的适配度情况来逐步增加插补的次数。

本书也建议，以 m=5 次开始插补，然后根据模型的适配度情况来逐步增加插补的次数，多数情况下，插补的次数应为 20~100 次。

2.1.6　多个插补值怎样使用

对于同一个目标变量而言，插补后的多个数据集都会有自己的估计量，这些结果要被合并、综合起来使用。不同的估计量有不同的合并原则（pooling rules）。

对于均值来说，每一次的插补所产生的完整数据集都可以得出目标变量的均值，这些均值再被"平均化"，就得到了合并后的均值。例如，经过 5 次的多重插补之后会产生 5 个数据集，随之对于被插补的目标变量可以产生 5 个均值，这 5 个均值被平均化之后获得的就是合并后的均值。

但是有些指标并不能简单地靠平均产生，例如，方差、显著度的合并计算就很复杂。

对于方差的计算，就要分解为组内方差和组间方差。这是因为插补后数据的变异来自两个地方，一是插补数据集间的变异，二是插补数据集内的变异。其中，插补数据集内的方差就是 m 个完全数据集方差估计的均值。例如，5 个插补后的数据集中的目标变量都有自己的方差，把这些方差取平均数，就是插补数据集内的方差。[1]

插补数据集间的方差表示各个插补数据集获得的估计值的离散程度，它等于估计值本身的样本方差，体现了由于插补所带来的不确定性。例如，5 个插补数据集中的目标变量都有自己的均值估计，这些均值之间有个平均数，用这些均值和它们的平均数就可以计算出它们之间的离差平方和，然后再除以 $m-1$，就能算出这些均值估计的离散程度，也就代表了插补数据集之间的方差。[2] 插补数据集间的方差的大小反映了缺失数据和观测数据相比，相对包含了多少信息。

多重插补之后合并了的方差是用插补数据集内和插补数据集间的方差之和矫正计算而来。其中，对于插补数据集间的方差要乘以一个反映插补次数的系数（1+1/m），它是对有限 m 的调整。[3]

计算了均值、方差之后，如果要计算置信区间的话，还要借助 t 分布。在 t 分布中要计算自由度。自由度的计算要用到插补的次数，也要用到插补数据集间方差和集内方差的比例，感兴趣的读者可以参阅相关的参考文献（Barnard and Rubin，1999）。

---

[1] 插补数据集内的方差：$\sigma_W^2 = \frac{1}{m}\sum_{i=1}^{m}\hat{\sigma}_i^2$，即 m 个完全数据集方差估计的均值。

[2] 插补数据集间的方差：$\sigma_B^2 = \frac{1}{m-1}\sum_{i=1}^{m}(\hat{\theta}_i - \theta)^2$，即估计值本身的样本方差。

[3] 插补后的方差：$\sigma_T^2 = \sigma_W^2 + \left(1 + \frac{1}{m}\right)\sigma_B^2$。

好消息是，多重插补后的合并计算一般都可用相关的软件进行，例如 SAS、STATA、SPSS、R、S_Plus 等。分析者可以直接使用这些软件输出合并后的结果。

2.1.7　什么情况下用多重插补

什么时候用多重插补？多数时候都可以（Van Buuren，2012）。

单一插补追求被插补的变量达到"完美"，但是，多重插补更关注对变量之间的关系进行有效的统计推断。我们大多数的研究是为了检验或者探求变量之间的关系，正因为如此，多重插补才显得日益重要。

但是在某些情况下，也有别的好方法。和删除法相比较，如果缺失机制属于完全随机缺失的话，使用删除法可以获得无偏的估计。在这种缺失机制下，如果只有因变量上有缺失值，自变量上没有缺失值，那么，使用删除法也可以获得有效性（efficiency）。如果缺失的概率与因变量无关，使用删除法也是可以的。在随机缺失机制和非随机缺失机制下，使用删除法就要谨慎小心了，更应该使用多重插补法。删除法在实践中应用最广，如果样本量很大，而缺失数据的比例在 5% 以下并且完全观察的样本比例不低于 70%，使用这种方法可以简化统计分析的过程。

和多重插补法相比较，单一插补的优点是简单、容易操作，适合于缺失量很小的数据，在完全随机缺失机制下，单一插补法也适用。如果缺失比例超过了 5%，并且在随机缺失机制和非随机缺失机制下，更应该使用多重插补法。

2.2　多重插补的发展简史

　　给多重插补的发展历史作阶段性的划分，不同的学者有不同的标准，本书按照方法的起源、成熟、广泛应用的特点将多重插补方法的发展历史简要地划分为以下三个阶段。

　　第一阶段为起始阶段，从开始探索多重插补方法到提出比较完整、系统的多重插补思想和具体的操作方法。起始时间点是 1977 年（Scheuren，2005），这一年，Rubin 教授给美国社会保障局提交了一份关于缺失数据处理的报告——*The design of a general and flexible system for handling nonresponse in sample surveys*，提出了多重插补的思想，这份报告在 2004 年再次发表。同年，Dempster、Laird、Rubin 三位学者发表了 *Maximum Likelihood from Incomplete Data via the EM Algorithm*，文章中最早提出 EM 算法（Van Buuren，2012）。这种算法后来被发展成为 MCMC 算法，奠定了多重插补算法的基础。这一阶段以 1987 年为标志性节点，在这一年，Rubin 教授在其专著 *Multiple Imputation for Nonresponse in Surveys* 中完整地介绍了多重插补的原理和方法。同年，Little 和 Rubin 教授也出版了他们的经典作品 *Statistical Analysis with Missing Data*（《缺失数据的统计分析》）。

第二阶段，1988—1997 年，这是多重插补在应用中被进一步完善的十年，是在争论中走向成熟的时期。1987 年两本多重插补的经典书籍问世后，多重插补方法在不断的讨论和应用中迅速发展。1996 年 Rubin 教授在美国统计协会上发表了 *Multiple Imputation after 18 years* 一文，澄清了有关多重插补方法的一些错误认识；1997 年，Schafer 教授出版了专著 *Analysis of Incomplete Multivariate Data*，这本书汇聚十多年来多重插补的应用情况，对多重插补的各种算法作了详细的阐述，总结了这一阶段多重插补在理论和方法上的发展。这一年 Schafer 教授设计了 NORM、CAT、MIX 和 PAN 等多重插补的专业软件，同年 Statistical Solutions Ltd. 公司出版了 SOLAS 软件，专门用于处理含有缺失值的数据库，可以实现对缺失数据的多重插补。

第三阶段，1998 年至今，这种方法被广泛接受，同时在方法本身也正向纵深发展。

2.2.1　起始阶段（1977—1987 年）

Fritz Scheuren 在 2005 年的一篇文章中阐述了多重插补的起源（Scheuren，2005）。2004 年 Rubin 教授在 *American Statistician* 中也撰文描述了这段历史。1977 年，在美国人口现状调查（Current Population Survey，CPS）中，收入变量存在一定比例的缺失值，需要解决。当时人口普查局使用热平台法来插补缺失数据，学者们发现这种做法会产生不准确的方差，于是询问 Rubin 教授，Rubin 提出了从多个完整的数据集进行推断的想法，这个想法他在 1970 代的初期就尝试过（Rubin，1994）。

1977 年，Rubin 提出了创建多个插补集来反映缺失数据的不确定性的方法，提出了从一个分布中提取插补值，而不是给出一个最好的唯一值这个根本性的思想。同时，也介绍了怎样选择插补模型和计算插补值，以及有效的插补次数。

在第一个发展阶段中，比较突出的成就是：

1）确定了从分布中提取插补值，而不是给出一个最佳唯一值的思想

Rubin 教授在 *The design of a general and flexible system for handling nonresponse in sample surveys* 这份报告中提出了用多重插补来反映缺失值的不确定性的思想。他的文章中从贝叶斯统计的角度建立了多重插补的理论基础，将多重插补的过程归纳为插补任务、估计任务和建模任务。Herzog and Rubin（1983），Rubin and Schenker（1986）和 Rubin（1987）指出，由于多重插补考虑了区间估计和显著性水平的变异性，即使仅对每个缺失值插补几次都要优于单一插补（庞新生，2013）。

2）确定了插补模型的基本算法

我们已知多重插补的基本算法有 MCMC 法（马尔科夫链蒙特卡洛方法）、链式方程法等。在 MCMC 法中，有 EM 算法和 DA 算法，还有 Gibbs 抽样法和 Metropolis–Hastings 算法（Schafer，1997）。1977 年 Dempster、Laird、Rubin 三位学者提出了缺失

值插补的期望最大化（Expectation Maximization， EM）算法，在之后的十年中，EM 算法在多个理论模型中得以迅速发展。将 Gibbs 抽样应用在马尔科夫链蒙特卡洛方法中进行多重插补的是 Geman and Geman（1984）。DA 算法也在这一时期得以发展（Tanner and Wong， 1987）。

但是这一阶段还有很多困难，当时计算机技术发展的限制使得该方面的研究一直很缓慢。1983 年的时候，Dempster and Rubin（1983）指出， "实践操作还处于发展阶段"。这一阶段还没有给出合并计算的公式。

直到 1987 年多重插补的方法才得以成熟。Rubin 教授在 1987 年的著作中提出了合并计算公式，被称之为 Rubin 法则（Rubin's rules），并且提出了什么条件下的多重插补才是有效的统计推断，还描述了贝叶斯抽样算法在实践中的应用（Van Buuren， 2012）。

2.2.2　第二阶段（1988—1997 年）

Multiple Imputation for Nonresponse in Surveys 和 *Statistical Analysis with Missing Data* 这两本书完整地介绍了多重插补的原理和方法，后来强大的个人计算机的出现，缺失数据的处理软件的发展，这些都为多重插补方法在随后 20 年的发展奠定了坚实的基础。

这一阶段的突出成就是多重插补方法的算法得以进一步完

善，其适用范围不断扩大，具体表现为：

1）完善了多重插补参数估计的各种算法

多重插补方法出现后，学者们一方面在热议多重插补的方法，另一方面也在反思以往的插补方法的局限。在这一时期，关于多重插补参数估计和估计方差的讨论比较集中。对此，庞新生在 2013 年的著作中作了综述（庞新生，2013）：

Rao and Shao（1992）提供了基于调整插补值的单一插补刀切法方差估计，以及在随机缺失机制下近似一致的线性化刀切法方差估计。Lee、Rancourt and Särndal（1994）讨论了采用最相邻插补（the nearest neighbour imputation）进行多重插补方差估计问题，并采用模型辅助方法构造出更适合最相邻插补的比率插补方法。Fay（1992，1993）通过简单事例表明在某些数据集（如 mass imputation）采用多重插补直接估计的方差估计并非一致。

2）发展了对插补后数据进行合并的算法

合并分析是多重插补非常关键的一个步骤。多重插补的理论强调，在进行多次的插补之后，所要使用的参数是合并运算之后的结果。Rubin 教授建立了 Rubin rules 来计算插补后数据的"汇聚"的参数。如本书前文所述，插补后的均值采用各个参数的平均值来计算，而插补后的方差则要被分解为插补集之间的方差和插补集之内的方差。

要计算合并后的分析结果，不仅仅局限于均值和方差，还有其他的参数和统计检验的问题。于是，Li、Raghunathan and Rubin（1991）探讨了多元缺失数据的点估计和协方差的合并问题；Li et al.（1991a，1991b）探讨了多元缺失数据的 p 值合并问题；Meng and Rubin（1992）探讨了多元缺失数据的似然率检验统计（likehood-ratio test statistics）的合并问题（Van Buuren，2012）。

　　3）拓展出针对不同抽样、不同变量、不同统计分析模型中的多重插补方法

　　这一阶段对不同抽样方式、不同测量尺度类型的变量、不同统计分析模型下的多重插补展开了讨论。例如，Burns（1990）使用准重复热层插补为多阶段调查提供刀切法方差估计，Rao and Shao（1992）指出，Burns 提出的刀切法方差估计可能会造成严重的高估。这一时期也开展了关于大样本、小样本模式下多重插补的讨论。Graham and Schafer（1999）将多重插补法的应用范围扩大至小样本；Barnard and Rubin（1999）给出了关于小样本多重插补估计量的合并原则，调整了小样本下 t 分布自由度。（庞新生，2013）

　　关于不同类型变量的多重插补也在这一阶段被广泛讨论和发展起来。例如，Olsen and Schafer（1998）讨论了半连续型变量的多重插补法。

　　与此同时，由于多重插补将插补步骤和统计分析步骤紧密相联，关于插补后使用不同统计模型的方法也得到发展。例如，Allison（1987）论述了使用现有的结构方程模型（SEM）软件处

理缺失数据的方法。

4）创建和发展了多重插补的软件

这一时期，Schafer（1997）设计了 NORM、CAT、MIX 和 PAN 等多重插补专业软件。1997 年 Statistical Solutions 公司发布了 SOLAS 软件，专门用于处理含有缺失值的数据库，也可以实现对缺失数据的多重插补。在这一阶段，S-Plus 和 R 软件专门发展了一个模块 CAT 来处理分类变量的多重插补，发展了 MIXED 模块来处理同时包含多元正态分布的变量和定类变量的情况（Schafer，1997）。

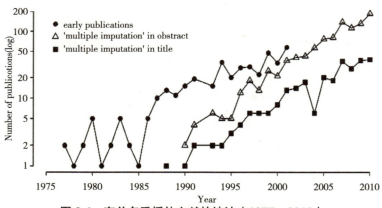

图 2.4　有关多重插补文献的统计（1977—2010）

资料来源：http://www.stefvanbuuren.nl/mi/index.html

5）开始大量应用于不同领域

随着新的计算方法和统计软件的出现，多重插补方法已被越来越多地应用于生物医学、行为和社会科学领域。Herzog 和

Rubin（1983）将多重插补用于美国人口普查局（CPS）的社会安全福利数据，以此来验证多重插补的功效；Heitjan 和 Little（1991）将多重插补用于致命事故报告系统中缺失数据的处理等。图 2.4 中展示的 1988—1997 年的文献量也可以说明其应用的范围。

2.2.3   第三阶段（1998 年至今）

这一时期，很多学者对多重插补提出了方法的改进和扩展，进行了理论的总结归纳，并大量应用于实例研究。此外，大量现代统计方法在缺失数据研究领域的应用，带动了这一领域的蓬勃发展。从 1998 年至今已涌现出众多关于处理缺失数据的研究文献，对缺失数据进行调整的统计方法取得了很多突破。

这一阶段已有的成就可分为以下几个方面：

1）参数的计算方法适用于更加多元复杂的环境

在这一阶段一个比较突出的贡献是 Van Buuren 等学者发展出基于 FCS 策略的多重插补方法。该方法弥补了传统的基于多元正态分布假定的插补方法的适用面不够广泛的缺憾。（参见本章 2.1.4 相关内容）

这一时期关于插补次数的讨论（Royson et al., 2004；Graham et al., 2007；Bodner, 2008）进行了多次，已经基本达成共识。这一阶段还发展出多元缺失和一般缺失数据模式的交互算法（Rubin, 1982；Schafer, 1997；Van Buuren et al., 1999；Raghunathan et al., 2001；King et al., 2001）。此外，在更为复

杂的环境，例如对于半连续变量、截断变量、偏态分布的变量、累加量表变量的多重插补也多有讨论；对于结构方程模型、多水平模型、生存分析中的一些复杂模型等也都有了方法应用实例。读者们可以参阅 Allison（2002）、Enders（2010）、van Burren（2012）Carpenter（2013）等学者著作中的相关内容。

2）软件的成熟促进更为广泛的应用

在这一时期，常用的统计软件几乎都包含多重插补功能，例如 SAS、STATA、R、SPSS、S-plus 等，还出现了像 Amelia 这样的专门进行多重插补的软件。2001 年 IVE 软件可以执行多重插补，2002 年 SAS 软件有了 PROC MI 和 PROC MIANALYZE 两个程序来执行多重插补。而 IVE 软件是 SAS 软件的一个宏。2011 年 MICE 软件被用来执行 FCS 策略下的多重插补，MICE 是

Routine	Software package	Vendor/author	Approaches implemented
Amelia II	R	Honaker, King and Blackwell	hybrid EM with bootstrap
Hmisc	R and S-Plus	Frank Harrell	chained-equation using predicted mean matching or regression imputation
ICE	Stata	Patrick Royston	chained-equation
IVEware	SAS or standalone executable	University of Michigan	chained-equation (supports complex survey designs + constraints)
LogXact	LogXact 7	Cytel	Maximum likelihood
MICE	R and S-Plus	van Buuren et al	chained-equation (and potential NINR models)
PROC MI	SAS v9.1	SAS Institute	MCMC for Gaussian, PMM, regression, logistic, polytomous and discriminant models
missing data library	S-Plus 7	Insightful	Maximum likelihood or conditional Gaussian imputation model

Table 3. General Purpose Software Implementations of Missing Data Routines

图 2.5 常用软件执行多重插补的方法（转引自 Horton，2007，p87）

可以基于 R 软件、STATA 软件和 S_PLUS 软件的一个专用软件包。Horton 在 2007 年曾经对当时的软件作了一个归纳，从图 2.5 可以发现，在 2007 年之前，这些常用的统计软件已经基本可以执行多重插补的大多数方法，包括链式方程法。

软件的成熟，促成了更为广泛的应用。如图 2.4 所示，在 1998—2010 年关于多重插补的文献突飞猛进。再比如，在社会科学领域，本书分别按照教育学、经济学、社会学、政治学用 Google 学术检索 2011—2014 年的文献，在文章中出现"多重插补"的文章数量如图 2.6 所示。

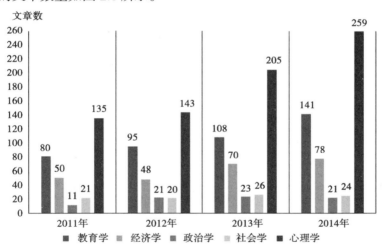

图 2.6 Google 学术检索到的多重插补文献数量
（2011 年 1 月—2014 年 12 月）

由此可见，近年来，多重插补法已经成为处理缺失数据的常用方法之一，在社会科学的定量研究领域得到了广泛的应用，基于此，研究人员有必要熟练掌握该技术。

/ 第 3 章 /

多重插补的方法、步骤

执行多重插补需要以下几个必备的步骤：

第一步，确定分析模型和准备插补模型的变量。多重插补和插补后的分析是分不开的，研究者执行多重插补的目的也是要检验分析模型中变量之间的关系，因此，首先要根据研究目标确定分析模型。接着，要判断哪些因素有可能导致研究变量上的缺失，不管是执行多重插补还是单一插补，寻找关键的辅助变量都是必要的。所谓关键的辅助变量在这个语境里是指导致数据缺失的因素但又不是分析模型中的变量。如果确定了需要使用的辅助变量，我们将这些变量和分析模型中的变量一起作为插补模型中的变量。

第二步，检验并确定插补模型。这个环节中需要确定多重插补的方法、插补的次数，同时还要排除具有多重共线性的变量，如果有必要，还得对非正态分布的变量进行转换，而且要反复执行多次检验和评估，最终确定要使用的插补模型。

第三步，运行多重插补并在插补完成之后执行统计分析。

下面，按照执行的具体步骤介绍多重插补方法如何应用。

3.1 准备插补变量

3.1.1 初步设定分析模型

分析模型是依据研究假设设立的，许多学者建议插补模型和分析模型中使用的变量尽可能相同，或者是插补模型比分析模型多出一些必要的辅助变量，不管怎样，在执行多重插补之前应该先初步设定分析模型。

为介绍多重插补的方法，本章准备了两个例题，例 1 的因变量为定比变量，计划采用 OLS 回归来做分析。例 2 的因变量为定序变量，可以采用序列变量 Logistic 回归（ordinal logistic），也可以采用多分类变量 Logistic 回归（multi-nominal logistic）来分析。这三种回归方法在社会科学中比较常见，为此将其作为例题。选择这两个例题时，并未在理论方面给予关注，请读者们仅参考其中执行多重插补的具体方法和步骤。

例 1：分析人们的月收入是否受到职业、教育的影响，尤其关注职业处于体制内和体制外的收入差别，以及高等教育的收入回报。因变量是人们的月收入，含工资、奖金、补贴和其他收入所得，该变量采用定比尺度测量。

例 1 数据根据 2002 年北京大学中国国情研究中心设计执行的"北京社会经济发展年度调查"[1]原始数据进行了随机抽选，样本数为 368 个。在本例的后续 OLS 回归分析中，将样本视作来自于简单随机抽样，仅为示例多重插补的步骤所用，不作任何理论推断。在例 1 中，因变量——个人月收入变量的缺失比例占 6.8%。例 1 的自变量及其缺失比例见表 3.1。

---

[1]　北京社会经济发展年度调查从 1995 年开始，到 2004 年每年执行一次，2007 年之后每隔 1 年执行一次。调查采用分层、多阶段、概率与规模成比例的方式抽取样本，1995—2004 年，各年样本量为 600~800 个，2007 年之后，样本规模在 1 500 个左右。参见杨明．《1995—2004 北京社会经济发展年度调查数据报告》[M]．北京：北京出版社，2008。或者访问北京大学中国国情研究中心网站，http://www.rcccpku.org/datashare/，可申请 1995—2013 年的数据。

表 3.1　例 1 中的自变量及其缺失比例

变量名	变量标签（变量值编码）	缺失比例
iv_b1	是否在党政机关或国有企事业单位工作（1，0）	0.0%
iv_b2	是否有第二职业或临时工作（1，0）	0.0%
iv_c1	除了储蓄之外是否有投资（1，0）	10.0%
age	年龄（18~63）	0.0%
gender	性别（1，0）	0.0%
eduyr	上过多少年学（3~22）	0.0%

　　例 2：根据 2008 年北京大学中国国情研究中心设计执行的全国规模抽样调查"中国公民意识调查"[1] 的原始数据，分析人们对民主状况的评价受哪些因素的影响。因变量是人们对民主状况的评价，该变量原本采用 0~10 量表的方式测量，属于定距变量，取值范围是 0~10，但是由于其不符合正态分布，并且经过多种方法转换，也无法接近正态分布，为此转换为一个三个水平的定序变量，即"好、一般、差"。转换之后，可以用来示例 ordinal logistic 回归，也可示例 multi-nominal logistic 回归。该变量的缺失值比例是 33.7%。样本量为 4 004 个。例 2 的数据来自于复杂抽样，采用分层、多阶段、概率与规模成比例的抽样设计，因此在使用回归分析的时候，需要采用复杂抽样设计下的回归分析方法 [2]。为执行复杂抽样下的回归分析，例 2 中包含层变量（Strata）、

---

[1]　中国公民意识调查采用分层、多阶段、概率与规模成比例的抽样方法抽取样本，初级抽样单位为区县级行政单位，有效样本量为 4 004 个。参见北京大学中国国情研究中心网站，http://www.rcccpku.org/datashare/，可申请该调查的数据。

[2]　复杂抽样设计下的回归分析和简单随机抽样设计下的回归分析得出来的回归系数的标准误不同，如果一项调查数据来自于复杂抽样设计，那么采用复杂抽样设计下的分析方法得出的标准误才是准确的。SPSS、STATA、SAS 等常用的统计软件在默认状态下执行的是简单随机抽样下的统计分析，如果是复杂抽样设计，需要在分析之前设定各级抽样单位、抽样单位的分层变量、样本的权重变量等信息。

初级抽样单位变量（PSU）和权重变量（wt_design）。

例 2 初选的自变量及其缺失比例见表 3.2。

表 3.2　例 2 中的自变量及其缺失比例

	变量名	变量标签（变量值编码）	缺失比例
政府服务评价	iv_b1	腐败问题严重程度（0~10）	14.7%
	iv_b2	社会平等问题严重程度（0~10）	12.6%
	iv_b3	社会保障问题严重程度（0~10）	18.3%
	iv_b4	教育问题严重程度（0~10）	9.4%
	iv_b5	医疗服务问题严重程度（0~10）	9.7%
	iv_b6	就业问题严重程度（0~10）	18.8%
经济发展评价	iv_b11	对全国现在经济状况的评价（1~5）	8.0%
制度认同	iv_b21	我国目前的政治制度是最适合中国国情的（1~5）	21.0%
	iv_b22	对言论自由的满意程度（1~4）	17.3%
民主价值	iv_c1	民主与经济发展之间作选择（1、2、3、4、5）	18.3%
个人得失	iv_e1	个人生活满意度（0~10）	1.0%
	iv_e2	个人社会地位（0~10）	6.3%
控制变量	age	年龄	0.0%
	gender	性别	0.0%
	eduyr	上过几年学	2.8%

上述自变量属于分析模型中的初选，有可能在诊断多重插补模型和执行多重插补后的统计分析过程中，会进行转换，或者删除有多重共线性的变量。

3.1.2　初选插补模型的变量

1）哪些变量应该被用于插补

根据 Van Buuren et al（1999）的看法，三组变量应该加入插补模型：

a. 分析模型中要用到的变量；

b. 预测缺失概率的变量；

c. 和具有缺失值的变量高度相关的变量。

b 和 c 被称作辅助变量。多重插补方法的三个步骤中，最重要的环节就是插补模型的构建。构建插补模型的目的不是要准确地预测缺失数据，而是要在保持变量间重要关系的前提下，以科学的方法去描述缺失数据，建立缺失数据近似的插补，合理反映缺失数据的不确定性。因此，在插补模型中应该包括分析模型中可能使用的变量、分析模型中具有很高预测能力的变量、能够很好预测缺失数据的变量，以及能够反映抽样设计特点的变量。例如，性别变量可能对于分析模型的探讨并无用处，但是有可能是预测数据缺失的重要指标，为此，在插补模型中需要放入这个变量。

Schafer（1997）认为插补模型在基于多元正态分布的假定下，获得的插补效果比较好，尽管有些变量是二分类的，或者是非正态分布的，因此那些连续型的变量应该获得优先考虑，而且连续型的变量最好不要将其转换成虚拟变量。那些多分类的变量应该转换成虚拟变量，以便在多元正态分布的假设下进行多重插补。

　　除此之外，在 b 和 c 中，还应该排除缺失值比例非常高的变量。

　　两个例题中，由于在分析模型中已经纳入年龄、性别、教育这三个重要的与数据缺失有关的变量，那么，剩下的能够很好预测缺失数据的变量包括对调查的兴趣、对回答问题后果的担忧、对调查的疑虑、对调查题目的关心程度等。初选的预测数据缺失的变量见表 3.3。

表 3.3　例 1、例 2 中预测缺失概率的变量及其缺失比例

	变量名	变量标签（变量值原始编码）	缺失比例
例 1	iv_a1	采访对象的合作程度（1~5）	0.2%
	iv_a2	采访对象对调查的疑虑（1，3，5）	0.2%
	iv_a3	采访对象对访谈的感兴趣程度（1~5）	0.2%
例 2	iv_a1	是否经常与他人谈论政治话题（1~4）	0.8%
	iv_a2	您在多大程度上关心中国的发展（1~4）	3.6%
	iv_a3	采访对象对访谈的感兴趣程度（1~5）	0.8%
	iv_a4	平时与他人闲聊批评中央政府时有顾虑吗（1~4）	37.7%
	iv_a5	平时与他人闲聊批评地方政府时有顾虑吗（1~4）	29.9%

　　从表 3.3 例 2 的变量来看，iv_a4 的缺失比例很高，而且 iv_a4，iv_a5 之间有高度相关，为此计划在插补模型中，不使用 iv_a4 这两个变量。

　　此外，如果分析模型中的因变量和自变量都有缺失值，那么因变量也有必要纳入插补模型，因为这样就可以在多重插补的 DA 算法中获得无偏的回归系数（Allison，2002）。

2）派生变量可以用于插补模型吗

在我们的研究中，经常会使用一些由若干个变量计算出来的派生变量，例如，计算日常支出占总支出的比例，或者对一个复合测量的量表（例如，抑郁量表、政治效能感量表等）进行加总，建立一个综合指数。这些变量在计算的过程中，如果有任何一个变量上有缺失值，那么会导致最终派生出来的综合变量有效样本大量减少。如果用这些派生变量进行多重插补的话，那么会降低插补效率。所以本文建议在插补之后再计算这些派生变量。

目前常用的统计软件也会支持在插补过程中使用派生变量，例如，Van Buuren 使用 R 软件，对于在插补过程中使用比率变量、总和变量等作了示例（Van Buuren，2012），但是，这个领域还处于发展过程中，请初学者谨慎使用。

3）插补模型和分析模型中的变量必须一致吗

关于插补模型中的变量和分析模型中的变量是否必须一致，学者们有很多的讨论。这些讨论可以总结如下（Meng，2001）：

a. 有一种情况是：插补模型比分析模型内容更少，而这种少是"对"的。对于这种情况，我们在现实中几乎很难遇到。

b. 第二种情况是：插补模型比分析模型内容更少，但这种少是"错"的。这种情况会导致负作用，因为会产生有偏的参数估计（Meng，2001）。

c. 第三种情况是：插补模型比分析模型内容更丰富。

由于第一种情况很难遇到，为此，我们使用的插补模型要么和分析模型一样，要么比分析模型多一些变量。

如果插补模型比分析模型多一些变量，产生的缺点有：插补模型中的有些信息对于分析模型来说可能没有用（Rubin 1996；Meng，1994）。如果放进太多的变量，会导致多重共线性的问题、计算困难的问题（Van Buuren，Boshuizen & Knook. 1999）。如果用了更丰富的插补模型，多重插补虽然会导致有效的推断，但是会损失一些效率，因为额外的信息可能给 m 个插补后的数据库增加更多的方差。

如果插补模型比分析模型多一些变量，优点是用了更丰富的插补模型，有助于插补模型满足随机缺失机制的假定，从而减少对于非随机缺失机制的特殊调整工作（Rubin，1996；Shafer，1997；Meng，1994）。多数学者建议应该尽可能多地在插补模型中容纳辅助变量，甚至有些辅助变量可能和科学界关注的假设并不相关（Rubin，1996；Meng，1994）。如果分析模型和插补模型同质，多重插补不需要插补者和分析者使用同样的模型，因为它们的统计推断都是有效的。

有关插补模型和分析模型变量异同的讨论，Schafer（1997）解释说：① 如果分析模型中的变量少于插补模型，例如，我们用了 Y1、Y2 两个变量，根据线性回归模型来插补变量 Y3，但是分析者只建立了 Y1 和 Y3 之间的回归方程，那么，这种情况可以把分析模型看作插补模型的一个特例，即 Y2 的回归系数等于 0。不管 Y2 的系数等于 0 是真是假，对于插补模型都是没有影响的，但是如果 Y2 的回归系数等于 0 是假，那么分析模型做的统计推断就是错的。② 当分析模型中的变量比插补模型多的时候，例如，分析模型中用了 Y1、Y2 和 Y3，而插补模型只用了 Y1 和 Y3，那么意味着，插补模型中假设 Y2 的回归系数等于 0，如果这个假设是真的，那么插补模型仍旧有效；但是，如果这个假设是假的，那么插补模型将获得不正确的统计推断。因此，Schafer 认为在建立插补模型时，对于那些将来分析者可能用到的参数不要限制得过于死板，为了获得高质量的插补，不仅要放入与研究变量有关的变量，也要放入与缺失有关的变量。

但是当分析者和插补者有途径获得不同的数量和来源的信息时，潜在的不同质会产生。这个时候，分析模型中的统计推断将不一定有效了。因此更多的学者认为比较安全的策略是让插补模型和分析模型中的变量一致。这里需要注意的是，到了这个阶段，分析模型不再是最初的设计了，需要进行调整，**将插补模型中用到的辅助变量也纳入到分析模型**中。

关于插补模型中变量的数量，有些学者指出当模型中包括了 15 个以上变量时，使用线性回归会增加方差。为了插补的目的，经验是不要超过 15~25 个变量（Van Buuren，Boshuizen & Knook，1999）。**另外，插补模型中至少要有一个是完全观测的变量。**

基于以上理论，本节的例题中，我们采用的策略是，使用分析模型中的所有变量，同时增加能够预测缺失概率的变量，包括对调查的兴趣、对调查的疑虑、对调查题目的关注，如果这些辅助变量对于插补模型有用，那么也将其纳入后续的分析模型。

3.2　检验和确定插补模型

3.2.1　选择插补方法

如前文所述，数据缺失的模式会影响到多重插补方法的选择，为此在准备好插补的变量之后，我们要决定用什么样的多重插补方法。

数据缺失分为单调模式和任意模式。前者执行多重插补的方法很多，可以使用回归模型、预测均值匹配法和倾向得分法，也可以使用 MCMC 方法；而任意缺失模式下需要选择基于 JM 策略的 MCMC 法或者基于 FCS 策略的链式方程法。

本节两个例题中均属于多变量的任意缺失模式，例 1 的因变量为连续型的定比尺度，自变量也是定比尺度或虚拟变量，为此可以采用 JM 策略的 MCMC 法来进行多重插补。

例 2 的因变量是定序尺度，而且自变量比较多，定类、定序、定比尺度都有，为了更灵活地进行多重插补，为此需要采用 FCS 策略的链式方程法。**注意，在使用链式方程法时，变量被插补的顺序会按照缺失值比例从低到高排序（STATA 软件在运行插补**

程序时会自动排列）。

接下来，我们需要判断研究变量上的缺失是属于随机缺失机制还是非随机缺失机制。因为随机缺失机制是执行多重插补的前提条件。如前文所述，随机缺失机制是在一定条件下的随机缺失。为了使研究变量上的缺失满足随机缺失机制，就需要将影响缺失的信息尽可能观测到，这是在研究设计阶段就应该考虑的问题。

在实践中，研究者很难依据现有的变量直接接受随机缺失机制的假设。因为随机缺失机制和非随机缺失机制的区别在于影响缺失的信息是否被观测到。因此，敏感性分析很有必要，所谓敏感性分析就是在不同的缺失数据的模型下来反复作插补，从而确定统计推断的稳定性。在多重插补的语境中，敏感性分析可以通过调整插补的步骤来实现，参见 Kenward and Carpenter （2007）和 Van Buuren，Boshuizen，and Knook（1999）中的介绍。

对于非随机缺失机制的缺失值处理，有两个方法可以选择：一个是 Heckman 的样本选择模型（selection model）（Heckman，1976）；一个是 Glynn 的模式混合模型（pattern-mixture model）（Glynn et al.，1986）。Little and Rubin （2002）和 Little （2009）对这些模型有更具体的介绍。本书对非随机缺失机制的缺失值处理不作讨论。

3.2.2 变量转换

对于任意缺失模式的数据，如果计划使用 MCMC 方法进行多重插补，而 MCMC 法要求变量符合多元正态分布，那么，对于不符合多元正态分布的变量需要事先进行转换。多元正态分布要求变量自身近似正态分布，并且每个变量都能用其他变量作线性表达（Allison，2002）。

对于定类定序变量要转换为虚拟变量，即以编码 1 和 0 表示类别归属的变量。如果定类变量有 k 个类别，应该转换成 $k-1$ 个虚拟变量放入模型中（Allison，2002）。

对于定距定比变量需要先做单变量的正态分布检验，或者直接做多元正态分布的检验。

对于单变量进行正态分布检验的方法有：偏度 Skewness 和峰度 Kurtosis 的检验、Swilk 检验、sfrancia 检验等，在 STATA12 软件中（以下示例均使用 STATA12），对应的命令分别为：

```
sktest dv      // 偏度 Skewness 和峰度 Kurtosis 的检验
swilk dv       //Shapiro-Wilk W' test 检验，4 ≤ n ≤ 2 000 时使用
sfrancia dv  //Shapiro-Francia W' test 检验，5 ≤ n ≤ 5 000 时使用
```

偏度和峰度的标准误均与样本量直接有关，为此，在大样本的条件下，如果偏度和峰度是轻度偏差，不需要转换，因为经过多种转换也可能与正态分布有显著的差别；但是，如果是严重偏态或峰度偏差，则需要转换。此外，不是任何分布形态的变量都可以转换成正态分布。例如，双峰或多峰分布，不能转换为单峰的正态分布。对于这些变量，可选择的办法是转换成虚拟变量。

检验变量是否符合多元正态分布，在 STATA12 到 14 版本中可以使用"mvtest normality"命令实现，如果检验的结果中 $p < 0.05$，则说明不符合多元正态分布的假定。

---

mvtest normality logdv age，**univariate bivariate stats(all)**

// 多元正态分布的检验，要求输出单变量、双变量、多变量的检验结果

对于定距或定比尺度的变量，转换为正态分布的方法有以下几种：

① 平方：对于偏度很大的变量，可以使用取平方的方式来进行转换。

② 平方根：如果是右偏，可以使用平方根来进行转换。如果是中度偏态，例如，偏度是其标准误差的 2~3 倍，可以考虑取根号值来转换。平方根变换也可以使服从 Poission 分布的计数变量正态化。

③ 对数：对于右偏或指数型分布的变量，可以进行对数转换。如果是高度偏态，如偏度其标准误差的 3 倍以上，可以取对数。其中又可分为自然对数和以 10 为底的对数，以 10 为底的对数纠偏力度较强。

④ 指数：对于对数型分布的变量，可以进行指数转换。

⑤ 倒数：对于变量数值在两端波动较大的情况，使用倒数可以使极端值的影响减小。

⑥Logit 转换：数据取值为 a 到 b 的区间可以使用 Logit 转换，例如，记录为比例或百分比的数据。

⑦Box-Cox 转换，自动寻找合适的方式转换，在经济学数据中常用此种方法。

除此之外，还有平方根反正弦变换，即将原始数据计算平方根反正弦值等转换方法，读者们需要根据手中的数据来进行多种试验，以便尽可能接近正态分布。

注意，由于根号里不能为负数，对数或倒数里不能为负数和 0，所以，如果变量中有负数或有 0，需要将其先转换成大于 0 的正数。例如，对于 0~100 的量表变量，都先加 1，然后再作对数或倒数转换。对于有负数的变量，可以用原始数据减最小值，然后再开平方根。

在例 1 中，因变量和自变量进行了如下转换，见表 3.4。

表 3.4　例 1 变量正态分布检验的结果及转换方法

变量名	变量标签	Shapiro-Wilk W test	转换方法
DV	上个月收入	$p < 0.05$	对数转换，转换后 Swilk 检验结果，$p>0.05$
iv_b1	是否在党政机关或国有企事业单位工作（1，0）		已是虚拟变量，不需转换
iv_b2	是否有第二职业或临时工作（1，0）		已是虚拟变量，不需转换
iv_c1	除了储蓄之外是否有投资（1，0）		已是虚拟变量，不需转换
iv_a1	采访对象的合作程度(1~5)		转换为虚拟变量

续表

变量名	变量标签	Shapiro-Wilk W test	转换方法
iv_a2	采访对象对调查的疑虑(1，3，5)		转换为虚拟变量
iv_a3	采访对象对访谈的感兴趣程度（1~5）		转换为虚拟变量
age	年龄（18~63）	$p < 0.05$	轻微偏度，未进行转换
gender	性别（1，0）		已是虚拟变量，不需转换
eduyr	上过多少年学（3~18）	$p > 0.05$	不需转换

在例 2 中，由于因变量是 0~10 的定距变量，计划先尝试使用 MCMC 法，如果 MCMC 法不合适，再使用 FCS 策略下的方法。在尝试 MCMC 法时，先对变量进行相应的转换，如表 3.5 所示。

表 3.5　例 2 变量正态分布检验的结果及转换方法

变量名	变量标签	正态分布检验 Shapiro-Francia W' test	转换方法
DV	民主程度（0~10）	$p < 0.05$	多种转换很难满足正态分布，只好转换成定序变量
iv_a1	是否经常与他人谈论政治话题（1~4）		
iv_a2	您在多大程度上关心中国的发展（1~4）		
iv_a3	采访对象对访谈的感兴趣程度（1~5）		转换为虚拟变量
iv_a5	平时与他人闲聊批评地方政府时有顾虑吗（1~4）		

续表

变量名	变量标签	正态分布检验 Shapiro-Francia W' test	转换方法
iv_b1	腐败问题严重程度（0~10）	$p < 0.05$	多种转换很难满足正态分布，为此，将6个变量加总为综合指数，近似正态
iv_b2	社会平等问题严重程度（0~10）	$p < 0.05$	
iv_b3	社会保障问题严重程度（0~10）	$p < 0.05$	
iv_b4	教育问题严重程度（0~10）	$p < 0.05$	
iv_b5	医疗服务问题严重程度（0~10）	$p < 0.05$	
iv_b6	就业问题严重程度（0~10）	$p < 0.05$	
iv_b11	对全国现在经济状况的评价（1~5）		转换为虚拟变量
iv_b21	我国目前的政治制度是最适合中国国情的吗（1~5）		
iv_b22	对言论自由的满意程度（1~4）		
iv_c1	民主与经济发展之间作选择（1、2、3、4、5）		
iv_e1	个人生活满意度（0~10）	$p < 0.05$	很难转换为正态分布，转换为3个虚拟变量
iv_e2	个人社会地位（0~10）	$p < 0.05$	因峰度稍高，又是大样本，不做转换
age	年龄	$p < 0.05$	因轻度偏态，又是大样本，不做转换
gender	性别		虚拟变量
eduyr	上过几年学	$p < 0.05$	用最高学历变量，转换成虚拟变量

　　在对例 2 中的定距类型的自变量作正态化转换时，由于自变量的取值范围窄（0~10），很难满足正态分布，为此将代表政府公共服务评价的一组题目加总为一个综合指数[1]，虽然经过偏度 Skewness 和峰度 Kurtosis 的检验、Swilk 检验、sfrancia 检验，发现这个指数并不符合正态分布，但是这个结果也不能排除样本量较大带来的影响，从图 3.1 的直方图来看，该变量近似正态分布，为此放在插补模型中。

　　对于多元正态分布的假定，由于受到样本量大的影响，有学者认为也可以直接从非正态分布中抽取插补值。对于初学者来讲，使用 MCMC 法，尽量满足多元正态分布是首选。

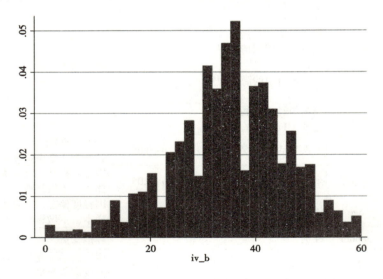

图 3.1

---

[1]　iv_b1 至 iv_b6 一组题目用 spss 软件执行信度和结构效度分析发现，Cronbach's alpha=0.787，有一个公因子，因子负载处于 [0.641, 0.748] 之间，可以加总为一个综合指数。

在例 2 中，作者倾向于采用链式方程法，这种方法可以灵活地选择针对定类变量、定序变量、计数变量的插补方法。对于半连续型的变量、有严格限定区间的连续型变量，不需要转换成正态分布的变量，但是对于单峰分布的连续型的变量，还是建议进行正态分布的转换比较好。

3.2.3　多重共线性诊断

在建立插补模型时，许多辅助变量之间可能会出现多重共线性问题。而多重共线性有可能导致 MCMC 程序不能获得正确的结果。

为了避免多重共线性，不要使用上百个插补变量，不要同时使用某个变量及其派生或部分派生出来的变量（例如，同时使用个人月收入和个人月工资收入），对于有 k 个类别的多分类变量，转换为虚拟变量之后，在插补模型和事后的回归模型中，只能放 $k-1$ 个虚拟变量。

除了上述的提前预防措施之外，在进行插补时还需要对辅助变量的多重共线性进行诊断。但是有一点需要注意的是，多重共线性的诊断在插补之前进行会把那些有缺失值的样本排除在外，这就有可能导致更高的同质性，方差膨胀因子（VIF）[1] 会比较高，因此，在插补之前做的多重共线性诊断结果仅仅作为一

---

[1]　方差膨胀因子（*VIF*）是多重共线性诊断的参考指标之一，如果某个变量的 *VIF* ≥ 10，则说明该变量与其他自变量出现了多重共线性，应该从自变量当中去除。除方差膨胀因子之外，还有容限度、条件指数等指标也可以检验多重共线性。

种参考，重要的还是要看插补之后回归分析结果的稳健性。

在例 1 中，插补之前进行 OLS 回归，并执行多重共线性的诊断，结果发现，这些自变量没有出现多重共线性，可以都放入插补模型。STATA12 到 14 版本中输出方差膨胀因子（VIF，如果 $VIF < 10$，说明回归模型中的自变量没有出现多重共线性）的命令如下：

```
reg logdv edu1 edu2 iv_b1 iv_b2 iv_c1 iv_a1 iv_a2 iv_a3 gender age
// 进行 OLS 回归
estat vif // 输出上述自变量的 VIF
```

例 2 中的因变量原始测量尺度是定距变量（0~10），而且是用复杂抽样采集的数据，为此需要使用复杂抽样下的回归分析，在 STATA12 到 14 版本中需要使用 svy：reg 这个命令。

对复杂抽样回归分析进行多重共线性诊断时，estat vif 命令不再适用。在这种情况下，需要分别以自变量为因变量，计算方程的确定系数 R^2，然后用 $VIF=1/(1-R^2)$ 这个公式来计算每个自变量的 VIF。

以例 2 中的政府公共服务评价变量为例，它可能与个人生活满意度、个人社会地位等变量是高度相关的。对其做多重共线性诊断的命令如下，结果得到 $VIF=1.107$，说明没有出现多重共线性，其他自变量之间经过此方法检验，也发现没有出现多重共线性：

```
svyset psu [pweight=wt_design], strata(strata) vce(linearized)
singleunit(centered)
// 定义复杂抽样下的初级抽样单位、设计权重、层变量
svy: reg iv_b iv_a1dum iv_a2dum iv_a3dum iv_a4dum iv_c1dum2 iv_
e1dum1 iv_e2 iv_e3 iv_e4dum age gender edu2 edu3 edu4
// 复杂抽样下对自变量 iv_b 做线性回归，检验多重共线性
display "tolerance=" 1−e(r2) "VIF=" 1/(1−e(r2))      // 计算 VIF 和 tolerance,VIF<10
说明没有出现多重共线性
```

在多重插补之前使用方差膨胀因子这个指标对多重共线性进行诊断之后，需要删掉与其他自变量具有多重共线性，又能被其他自变量解释的变量。

3.2.4　确定插补次数

Rubin 教授指出，通常进行 3~5 次多重插补就足够了。对于缺失信息比例在 50% 左右的变量，插补 5 次就可以获得很高的相对效率（Rubin，1987；Van Buuren，Boshuizen and Knook，1999）。但是，近些年来有些学者认为插补的次数应该为 20~100 次（Kenward and Carpenter 2007；Horton and Lipsitz 2001）。影响插补次数的除了缺失信息比例、插补的相对效率之外，还要考虑分析模型的复杂度。

我们推荐的策略是从 5 次开始，运行到 20 次左右，每增加一次插补次数都要对不同的结果进行比较。如果插补 20 次的效

果也不好，那么可以持续增加次数。如果插补 24 次和 25 次、26
次的结果比较相近，那么选择插补次数少的作为最终方案。

例 1 由于因变量和自变量的缺失值比例在 15% 以内，我
们尝试执行不同次数的多重插补，以便确定最佳的插补次数，
STATA12 中执行多重插补命令如下：

---

mi set flong   // 定义插补库的存储类型

mi register imputed logdv iv_c1 iv_a1 iv_a2 iv_a3 // 注册要被插补的变量

mi register regular eduyr iv_b1 iv_b2 gender age   // 注册那些不被插补的
变量

mi impute mvn logdv iv_c1 iv_a1 iv_a2 iv_a3 = eduyr iv_b1 iv_b2

gender age, **add**(25)**rseed**(29930)**force**

// 定义插补方法为 MCMC 法，定义插补模型，插补的次数为 25 次，用
rseed 定义随机数为 29 930，以便重复执行能获得相同的结果

在执行多重插补之后，要随即执行插补后的回归分析，以
便诊断模型。在 STATA12 到 14 版本中，执行**简单随机抽样**下的
多重插补之后的线性回归分析命令如下：

---

mi estimate, **vartable**: **reg** logdv eduyr iv_b1 iv_b2 iv_c1 iv_a1 iv_a2 iv_a3
gender age

// 执行 linear 回归，并且用 vartable 输出相对增加的方差、缺失信息比例、
相对效率指标

```
. mi estimate,vartable: reg logdv eduyr iv_b1 iv_b2 iv_c1 iv_a1 iv_a2 iv_a3 gender age
Multiple-imputation estimates                    Imputations      =        25
Linear regression
Variance information
```

	Imputation variance			RVI	FMI	Relative efficiency
	Within	Between	Total			
eduyr	.000085	5.5e-06	.00009	.066925	.063408	.99747
iv_b1	.00318	.000285	.003476	.093094	.086212	.996563
iv_b2	.013326	.001414	.014797	.110378	.100716	.995988
iv_c1	.002839	.000446	.003302	.163355	.142612	.994328
iv_a1	.003523	.000219	.003751	.064766	.061479	.997547
iv_a2	.003346	.000163	.003515	.050537	.048583	.99806
iv_a3	.004623	.000227	.004859	.051101	.049101	.99804
gender	.002675	.00017	.002852	.066139	.062706	.997498
age	9.1e-06	1.1e-06	.00001	.129582	.116337	.995368
_cons	.039351	.004688	.044227	.123906	.111773	.995549

```
Multiple-imputation estimates                    Imputations      =        25
Linear regression                                Number of obs    =       368
                                                 Average RVI      =    0.0853
                                                 Largest FMI      =    0.1426
                                                 Complete DF      =       358
DF adjustment:   Small sample                    DF:       min    =    244.54
                                                           avg    =    297.32
                                                           max    =    328.17
Model F test:        Equal FMI                   F(  9,  351.9) =     13.98
Within VCE type:        OLS                       Prob > F        =    0.0000
```

logdv	Coef.	Std. Err.	t	P>|t|	[95% Conf. Interval]	
eduyr	.083807	.0095085	8.81	0.000	.0650991	.1025149
iv_b1	.1279791	.0589569	2.17	0.031	.0119521	.2440062
iv_b2	.3258232	.1216429	2.68	0.008	.0863844	.5652621
iv_c1	.1777081	.0574651	3.09	0.002	.0645184	.2908977
iv_a1	.0983976	.0612463	1.61	0.109	-.0221016	.2188968
iv_a2	-.0566602	.0592905	-0.96	0.340	-.1732976	.0599771
iv_a3	-.0024446	.0697051	-0.04	0.972	-.1395704	.1346811
gender	.188132	.0534083	3.52	0.000	.0830523	.2932116
age	.0064366	.0032022	2.01	0.045	.0001321	.0127412
_cons	5.811364	.2103019	27.63	0.000	5.397344	6.225383

　　在执行 25 次插补之后，使用回归分析得到的回归系数、回归系数的标准误等参数都是将 25 个插补数据集"汇聚"以后的结果，而不是其中的某一个数据集。读者要注意使用汇聚之后的结果。

　　在上述输出结果中，RVI, FMI, Relative efficiency 分别代表增加的方差、缺失信息比例、相对效率三个指标，从中可以看出，自变量的相对效率均高于 0.995，而且平均的增加方差为 0.085 3，最大的缺失信息比例为 0.142 6。我们判断的标准是，相对效率要稳定地高于 0.95，同时，增加的方差、缺失信息比例都要稳定地低。所谓稳定是指在不同的插补次数之后，得到的结果均很接近。

　　这里需要提醒读者注意的是，缺失信息比例 FMI 也会在没有缺失值的变量上出现，例如上述结果中的 age 变量，这个变量没有

```
. mi estimate,vartable: reg logdv eduyr iv_b1 iv_b2 iv_c1 iv_a1 iv_a2 iv_a3 gender age
Multiple-imputation estimates                  Imputations    =         5
Linear regression
Variance information
```

	Imputation variance					Relative
	Within	Between	Total	RVI	FMI	efficiency
eduyr	.000085	6.5e-06	.000093	.091779	.087737	.982755
iv_b1	.003195	.000385	.003657	.144498	.133771	.973943
iv_b2	.013386	.002114	.015923	.18953	.170566	.967012
iv_c1	.002843	.000659	.003634	.278291	.236563	.954825
iv_a1	.003539	.000281	.003876	.095124	.090754	.982173
iv_a2	.003361	.000241	.003651	.086225	.0827	.983729
iv_a3	.004642	.00034	.005049	.087838	.084166	.983445
gender	.002686	.000237	.002971	.105932	.100412	.980313
age	9.1e-06	1.2e-06	.000011	.159844	.146568	.971521
_cons	.039528	.00494	.045457	.14998	.138374	.973071

```
Multiple-imputation estimates                  Imputations      =          5
Linear regression                              Number of obs    =        368
                                               Average RVI      =     0.1338
                                               Largest FMI      =     0.2366
                                               Complete DF      =        358
DF adjustment:   Small sample                  DF:       min    =      64.77
                                                         avg    =     158.86
                                                         max    =     216.15
Model F test:       Equal FMI                  F(   9,  302.5) =      13.19
Within VCE type:       OLS                      Prob > F        =     0.0000
```

logdv	Coef.	Std. Err.	t	P>|t|	[95% Conf. Interval]	
eduyr	.0832898	.0096383	8.64	0.000	.0642879	.1022916
iv_b1	.1305775	.0604735	2.16	0.033	.0110099	.2501452
iv_b2	.324741	.1261856	2.57	0.011	.074488	.5749941
iv_c1	.1789446	.0602801	2.97	0.004	.0585488	.2993404
iv_a1	.0956107	.0622554	1.54	0.126	-.0271448	.2183663
iv_a2	-.0572823	.0604203	-0.95	0.344	-.1763707	.0618061
iv_a3	-.0020584	.0710595	-0.03	0.977	-.1421267	.1380098
gender	.1864299	.0545029	3.42	0.001	.0789035	.2939562
age	.006159	.0032525	1.89	0.061	-.0002781	.0125962
_cons	5.829659	.2132054	27.34	0.000	5.407966	6.251353

任何缺失值,那么,FMI=0.116 意味着什么呢? 它是由插补集间的方差、插补集内的方差与自由度、插补次数共同作用的结果,意味着,如果插补集之间的方差较大,那么这个变量会缺失 11.6% 的信息,它反映的是抽样方面的不确定性,而不是某个变量的缺失比例(Allison, 2002)。如果 FMI 比较高,建议增加插补次数。

以下是执行 5 次插补的结果,读者可以发现,插补的相对效率比插补 25 次的要低,最大的缺失信息比例为 0.236 6,平均的增加方差为 0.133 8。那么,插补多少次为好呢?

重复上述步骤,我们执行 5 次、10 次、15 次、20 次、21 次、24 次、25 次、26 次的结果如表 3.6 所示,结果显示插补 24 次、25 次、26 次获得的相对增加的方差、缺失信息比例、相对效率、回归系数、回归系数的标准误都比较接近,而且,相对效率都在 0.994 以上,因此建议选择插补 25 次的结果。读者也可以继续检验插补 30 次、40 次之后的变化。这里只示例确定插补次数的方法。

表 3.6　对例 1 执行不同次数多重插补的结果

	各个自变量相对增加的方差的范围		各个自变量缺失信息比例的范围		各个自变量相对效率的范围		自变量 iv_b1 的回归系数(标准误)
插补 5 次	0.086 2	0.278 3	0.082 1	0.236 5	0.955	0.983	0.130 5*(0.060 4)
插补 10 次	0.070 2	0.226 7	0.066 9	0.191 9	0.981	0.993	0.130 5*(0.059 7)
插补 15 次	0.065 7	0.212 0	0.062 5	0.179 5	0.988	0.996	0.130 5*(0.059 6)
插补 20 次	0.063 5	0.205 1	0.060 4	0.173 6	0.991	0.997	0.130 5*(0.059 5)
插补 21 次	0.060 4	0.195 1	0.057 6	0.166 4	0.992	0.997	0.129 9*(0.059 4)
插补 24 次	0.052 6	0.170 2	0.050 6	0.147 9	0.993	0.998	0.128 4*(0.059 0)
插补 25 次	0.050 5	0.163 3	0.048 5	0.142 6	0.994	0.998	0.128 0*(0.059 0)
插补 26 次	0.048 5	0.156 9	0.046 8	0.137 7	0.994	0.998	0.127 6*(0.058 9)

注: * $p < 0.05$;　** $p < 0.01$;　*** $p < 0.001$,以下同。

例 1 列举的三个指标：相对效率、增加的相对方差、缺失信息比例是评估插补效果的重要指标，如果执行很多次插补，并且插补方案比较合理的话，缺失信息比例会降低，并且相对效率会超过 99%。除此之外，还要看回归系数、标准误等参数的稳定性。

3.2.5 执行多重插补，并诊断插补模型

对于**单调模式的缺失**，在执行多重插补时，插补变量的顺序会对参数估计产生影响，因此要**按照缺失比例从低到高的顺序来排列插补模型的变量顺序**。

对于任意缺失的情况，在执行多重插补时，要尽可能将辅助变量放入，尽可能少用那些缺失比例非常高的变量。而且使用链式方程法时，**STATA 软件会自动在插补程序运行过程中，按照缺失比例从低到高的顺序来排列插补模型的变量顺序**。

在诊断插补模型的时候，我们的主要任务是确定插补模型究竟应该用哪些变量。

如前文所述，插补模型中应该包括下列变量：分析模型中要用到的变量、预测缺失概率的变量和具有缺失值的变量高度相关的变量。但是，变量的增多也会降低插补的相对效率，会带来增加的方差比例较大，那么，经多重插补后的分析，发现统计不显著的变量是否要继续留在插补模型中呢？

在例 1 中，自变量 iv_a1、iv_a2、iv_a3 对于因变量的解释在多次插补中都是不显著的，而且它们属于预测缺失概率的变量，

原本并不是分析模型中的变量，是否保留？

我们将其移除插补模型来试验一下，分别采取插补 20 次、21 次、24 次、25 次和 26 次的方案，再来观察相对效率、增加的相对方差、缺失信息比例的变化，并且观察回归模型中自变量的回归系数、显著度和标准误的变化。发现移除这三个变量之后，表 3.7 中的相对效率、增加的相对方差、缺失信息比例均有改善。另外，回归模型中的回归系数非常稳定，和表 3.6 相比，回归系数的变化范围在 0.005 之内，回归系数标准误的变化在 0.001 5 之内。说明这三个变量并未能很好地预测数据缺失，应该移除。

表 3.7 对例 1 移除不显著的辅助变量 [a] 后，执行不同次数多重插补的结果

	各个自变量相对增加的方差的范围		各个自变量缺失信息比例的范围		各个自变量相对效率的范围		自变量 iv_b1 的回归系数（标准误）
插补 20 次	0.054 4	0.178 4	0.052 1	0.154 2	0.992	0.997	0.125 9*（0.0582）
插补 21 次	0.052 1	0.177 2	0.050 0	0.153 2	0.992	0.998	0.125 9*（0.0580）
插补 24 次	0.046 2	0.170 7	0.046 6	0.148 2	0.994	0.998	0.127 2*（0.057 8）
插补 25 次	0.044 6	0.168 0	0.043 1	0.146 1	0.994	0.998	0.127 6*（0.057 8）
插补 26 次	0.043 0	0.165 2	0.041 6	0.143 9	0.994	0.998	0.127 9*（0.057 7）

注 a：辅助变量是指分析模型以外的预测数据缺失的变量。

3.3 多重插补后的统计分析

多重插补的步骤中，插补、分析、综合是必备的三大步骤，

插补之后要运行分析模型，然后报告综合的结果（例如，均值、均值标准误、回归系数、回归系数标准误等）。

在运行分析模型的时候，要根据因变量的测量尺度、各个变量的测量层次选择不同的方法，分析方法的选择和我们以往学习过的知识没有大的区别。例如，如果要分析个人的环保行为，假设影响因素有个人属性变量（年龄、性别、环保知识），还有宏观层次的因素（例如，地区污染水平、地区生态资源状况等），那么需要选择多水平模型来做研究。多重插补后的统计分析也遵循这些原则。

这里需要提醒读者的是，**要将简单随机抽样获得的数据与复杂抽样获得的数据进行区分，这两类数据需要采用不同的分析程序。**

在 SAS、STATA、SPSS、R 等常用的统计软件中，都有专门针对复杂抽样设计的分析方法。这里以 STATA12 软件示例插补后执行统计分析的程序。

3.3.1 插补后进行简单随机抽样下的统计分析

如果数据来源于简单随机抽样，如例 1 所示，执行 26 次多重插补后的回归分析的命令如下（STATA12）：

mi set flong　　　　　　　　// 定义插补库的类型

mi register imputed logdv iv_c1　　　　// 注册要被插补的变量

mi register regular eduyr iv_b1 iv_b2 gender age　　// 注册那些不被插补的变量

mi impute mvn logdv iv_c1 = eduyr iv_b1 iv_b2 gender

age, **add**(26) **rseed**(29930)**force** // 定义插补方法为 MCMC 法，定义插补模型，插补的次数为 26 次，用 rseed 定义随机数为 29 930，以便重复执行能获得相同的结果

mi estimate, **saving**(yy) **vartable**: **reg** logdv eduyr iv_b1 iv_b2 iv_c1 gender age　　　　　　　　// 执行 linear 回归，用 saving（ ）命令，存储 y 的预测值，用 vartable 输出相对增加的方差、缺失信息比例、相对效率指标

mi predict dvhat **using** yy　　// 把因变量的预测值存在一个 dvhat 的变量中

mi xeq 0: **summarize** logdv dvhat // 对比插补前和插补后因变量的观测值和预测值，由于软件默认将插补后的因变量的预测值存在原始的数据集中，为此要使用 mi xeq 0 这个命令，来描述原始数据集的情况。

得到的输出结果如下：

```
. mi estimate,saving(yy)vartable: reg logdv eduyr iv_b1 iv_b2 iv_c1 gender age

Multiple-imputation estimates              Imputations    =       26
Linear regression

Variance information
```

	Imputation variance					Relative
	Within	Between	Total	RVI	FMI	efficiency
eduyr	.000081	7.6e-06	.000089	.096689	.089237	.99658
iv_b1	.003095	.000361	.00347	.121124	.109481	.995807
iv_b2	.013122	.000716	.013865	.05664	.054142	.997922
iv_c1	.002726	.00037	.00311	.141075	.125396	.9952
gender	.002625	.000235	.002869	.092884	.086007	.996703
age	8.9e-06	1.3e-06	.00001	.153346	.134923	.994837
_cons	.033785	.004654	.038618	.143062	.126951	.995141

```
Multiple-imputation estimates                  Imputations      =        26
Linear regression                              Number of obs    =       368
                                               Average RVI      =    0.1027
                                               Largest FMI      =    0.1349
                                               Complete DF      =       361
DF adjustment:      Small sample               DF:      min     =    255.13
                                                        avg     =    283.45
                                                        max     =    327.00
Model F test:          Equal FMI               F(   6,  350.2) =     20.34
Within VCE type:            OLS                Prob > F         =    0.0000
```

logdv	Coef.	Std. Err.	t	P>|t|	[95% Conf. Interval]	
eduyr	.0861262	.0094344	9.13	0.000	.0675595	.1046929
iv_b1	.1230393	.0589042	2.09	0.038	.0070855	.2389931
iv_b2	.3231922	.1177503	2.74	0.006	.0915485	.5548359
iv_c1	.188312	.0557681	3.38	0.001	.0785049	.2981191
gender	.2021961	.0535625	3.77	0.000	.0967902	.307602
age	.0071752	.0031992	2.24	0.026	.0008749	.0134754
_cons	5.740281	.1965158	29.21	0.000	5.353332	6.127229

```
. mi xeq 0: summarize logdv dvhat

m=0 data:
-> summarize logdv dvhat
```

> **Logdv 是因变量的观测值，dvhat 是插补后执行 OLS 回归得到的因变量的预测值**

Variable	Obs	Mean	Std. Dev.	Min	Max
logdv	343	7.437694	.5577903	5.991465	8.764053
dvhat	368	7.440832	.288878	6.516563	8.256136

注意：OLS 回归有比较严格的前提假定条件，包括误差项零均值、方差齐、正态、误差项之间无序列相关、误差项与自变量无关等。如果不做多重插补，直接做 OLS 回归的话，在 STATA14 版本中有 regcheck 命令，可以输出各种假定条件检验的结果，在 STATA12 版本中可以用 estat dwatson、bpagan、maxr2 等命令。但是在多重插补之后，这些命令就不能使用了。读者可以将残差存储出来，然后检查其是否符合正态分布、零均值、方差齐等。

3.3.2　插补后进行复杂抽样下的统计分析

复杂抽样包括分层抽样 [1]、整群抽样 [2] 和多阶段抽样 [3]。当研究总体规模较大时，通常无法采用简单随机抽样来抽取样本；如果分析的样本数据是来自于复杂抽样，那么需要采用复杂抽样下的分析方法。这是因为，在计算样本统计量时，简单随机抽样和复杂抽样的计算方法不一样。

例如，用样本推断总体均值的时候，如果样本来自于有放回的简单随机抽样，那么均值的计算公式为：

$$\overline{y} = \frac{1}{n} \sum_{i=1}^{n} y_i$$

估计量方差为：

$$\mathrm{var}(\overline{y}) = \frac{S^2}{n}$$

如果来自于分层 + 简单随机抽样，假设 h 代表层，w 代表每个样本的设计权重，那么一个变量 y 的均值计算公式为：

$$\overline{y}_{st} = \sum_{h=1}^{L} W_h \overline{y}_h = \frac{1}{N} \sum_{h=1}^{L} N_h \overline{y}_h$$

估计量方差为：

$$V(\overline{y}_{st}) = \sum_{h=1}^{L} W_h^2 V(\overline{y}_h) = \sum_{h=1}^{L} W_h^2 \frac{1 - f_h}{n_h} S_h^2$$

---

[1]　分层抽样是指先将总体所有单位（或元素）按某些重要标志进行分类（层），然后在各类（层）中分别抽取样本单位（或元素）的一种抽样方式，分层抽样的目的是降低样本估计量的方差。

[2]　整群抽样是指先将总体划分成许多不相重合的子总体或群，然后以群为抽样单位，按某种随机方式从中抽取若干个群，形成一个"群"的随机样本，抽中的群内所有单位（元素）都是目标样本。

[3]　多阶段抽样是指分多个阶段最终抽选到个体的抽样方法。

例2的数据来自于复杂抽样设计，有分层、初级抽样单位（PSU）和样本的设计权重。为此，在执行完多重插补之后，要运行复杂抽样下的回归分析。

例2的因变量原始观测是定距尺度（0~10），由于其很难转换成正态分布，因此转换为定序尺度（3个序列），也可以当作定类变量使用，需要被插补的自变量有定距尺度，有虚拟变量，因此在选择多重插补的方法时使用链式方程方法更合适。我们首先执行多重插补：

---

mi set flong // 定义插补库的类型

mi register imputed dv_grp3 iv_b iv_b11dum iv_b22dum iv_c1dum2 iv_e1dum1 iv_e2 iv_a1dum iv_a2dum iv_a3dum iv_a5dum // 注册要被插补的变量

mi register regular eduyr gender age // 注册那些不被插补的变量

mi impute chained（**ologit**, **augment**）dv_grp3（**pmm, knn**（5））iv_b iv_e2（**logit**）iv_b11dum iv_b22dum iv_c1dum2 iv_e1dum1 iv_a1dum iv_a2dum iv_a3dum iv_a5dum = eduyr gender age, **add**（25）**force rseed**（29 330）

// 定义插补方法为链式方程法，不同变量用不同的插补方法，插补的次数，定义随机数种子

读者们注意到，这个插补的命令中有 **chained**，该命令是调用 MICE 进行多重插补的意思，即链式方程法。（**ologit**）表示对 dv_grp3 变量使用 ologit 回归进行插补，（**pmm, knn**（5））表示对 iv_b 采用预测均值匹配法进行插补，（**logit**）则表示对 iv_b11dum 变量用 logit 回归作多重插补。虽然在命令语句中并没有将插补模型中的变量按照缺失值比例从低到高排序，但是 STATA 软件在运行时会自动排序。

多重插补之后执行复杂抽样下 ologit 回归分析命令如下

（STATA12）：

mi svyset psu **[pweight**=wt_design]**, strata**(strata) **vce (linearized)singleunit (centered)**

// 复杂抽样设计的设定

mi estimate: svy: ologit dv_grp3 iv_b iv_b11dum iv_b22dum iv_c1dum2 iv_e1dum1 iv_e2 iv_a1dum iv_a2dum iv_a3dum iv_a5dum eduyr gender age

// 多重插补之后执行复杂抽样设计下的 ordinal logistic 回归分析

mi estimate, vartable nocitable // 输出 RVI FMI RE 等指标

输出结果如下：

```
. mi estimate: svy: ologit dv_grp3 iv_b iv_b11dum iv_b22dum iv_c1dum2 iv_e1dum1 iv_e2
> iv_a1dum iv_a2dum iv_a3dum iv_a5dum eduyr gender age

Multiple-imputation estimates          Imputations       =         35
Survey: Ordered logistic regression    Number of obs     =       3891

Number of strata  =         16          Population size   =  586428624
Number of PSUs    =         73
                                        Average RVI       =     0.5018
                                        Largest FMI       =     0.4763
                                        Complete DF       =         57
DF adjustment:    Small sample          DF:       min     =      25.36
                                                  avg     =      36.61
                                                  max     =      44.67
Model F test:     Equal FMI             F( 13,    52.1)   =      23.20
Within VCE type:  Linearized            Prob > F          =     0.0000

─────────────┬─────────────────────────────────────────────────────────────
     dv_grp3 │    Coef.    Std. Err.     t     P>|t|    [95% Conf. Interval]
─────────────┼─────────────────────────────────────────────────────────────
        iv_b │  -.038968    .0060753   -6.41   0.000   -.0512826   -.0266533
   iv_b11dum │  .2106099    .1044537    2.02   0.052   -.0018211    .4230409
   iv_b22dum │  .3441585    .1100391    3.13   0.004    .1176939     .570623
   iv_c1dum2 │  .2409409    .1198574    2.01   0.051   -.0013828    .4832645
   iv_e1dum1 │ -.5438367    .1156057   -4.70   0.000   -.7773793   -.3102942
       iv_e2 │  .1394619    .0264471    5.27   0.000    .0858059     .193118
    iv_a1dum │  .1479229    .1082168    1.37   0.179   -.0704504    .3662961
    iv_a2dum │  .2060179    .1202059    1.71   0.095   -.0378444    .4498802
    iv_a3dum │  .0441434     .109704    0.40   0.689   -.1768568    .2651437
    iv_a5dum │ -.0871914    .1069108   -0.82   0.420   -.3037648     .129382
       eduyr │ -.0148634    .0142594   -1.04   0.307   -.0441887     .014462
      gender │  .0619371     .079959    0.77   0.443   -.0999881    .2238623
         age │  .0057903    .0040884    1.42   0.165   -.0024979    .0140785
─────────────┼─────────────────────────────────────────────────────────────
       /cut1 │ -1.608344    .3665417   -4.39   0.000   -2.349718   -.8669697
       /cut2 │ -.0892124    .3733982   -0.24   0.812   -.8441774    .6657526
─────────────┴─────────────────────────────────────────────────────────────
```

```
. mi estimate, vartable  nocitable

Multiple-imputation estimates              Imputations     =       35
Survey: Ordered logistic regression

Variance information
```

| | Imputation variance | | | | | Relative |
	Within	Between	Total	RVI	FMI	efficiency
iv_b	.000027	9.9e-06	.000037	.382594	.289598	.991794
iv_b11dum	.007364	.003448	.010911	.481569	.340196	.990374
iv_b22dum	.006594	.005361	.012109	.836207	.476344	.986573
iv_c1dum2	.011014	.003259	.014366	.304358	.244167	.993072
iv_e1dum1	.01044	.002843	.013365	.280117	.228968	.993501
iv_e2	.000496	.000198	.000699	.409369	.30399	.991389
iv_a1dum	.009403	.002244	.011711	.24548	.206235	.994142
iv_a2dum	.010264	.00407	.014449	.407839	.303182	.991412
iv_a3dum	.0101	.001881	.012035	.19159	.16827	.995215
iv_a5dum	.00838	.002965	.01143	.363942	.27924	.992085
eduyr	.000112	.000089	.000203	.814507	.469563	.986762
gender	.00472	.001627	.006393	.354454	.273861	.992236
age	.000012	4.5e-06	.000017	.386423	.29169	.991735
/cut1	.101996	.031458	.134353	.317241	.252018	.992851
/cut2	.106755	.031764	.139426	.306037	.245199	.993043

　　输出结果显示，使用链式方程方法，执行多重插补35次之后，各个自变量上的相对效率均高于98.6%，平均相对增加方差为50%，最大的缺失信息比例为47%，看来还应该进行调整，毕竟例2中的自变量、因变量都有较高比例的缺失。调整方法可以增加或减少插补次数，也可以增加更有解释力的变量，也可以把例2中分析模型之外的且对缺失数据没有预测能力的变量（例如，iv_a2dum、iv_a3dum、iv_a5dum）从模型中移除。将iv_a2dum、iv_a3dum、iv_a5dum三个变量移除后，模型结果得到一些改善。以下为去掉iv_a2dum、iv_a3dum、iv_a5dum三个辅助变量的结果：

```
. mi estimate: svy: ologit dv_grp3 iv_b iv_b11dum iv_b22dum iv_c1dum2 iv_e1dum1 iv_e2
> iv_a1dum  eduyr gender age

Multiple-imputation estimates              Imputations        =        35
Survey: Ordered logistic regression        Number of obs      =      3891

Number of strata   =      16               Population size    = 586428624
Number of PSUs     =      73
                                           Average RVI        =    0.4147
                                           Largest FMI        =    0.3360
                                           Complete DF        =        57
DF adjustment:    Small sample             DF:     min        =     33.60
                                                   avg        =     38.54
                                                   max        =     46.32
Model F test:       Equal FMI              F(  10,    52.6)   =     27.81
Within VCE type:    Linearized             Prob > F           =    0.0000
```

dv_grp3	Coef.	Std. Err.	t	P>|t|	[95% Conf. Interval]	
iv_b	-.0378971	.0060032	-6.31	0.000	-.0500621	-.0257321
iv_b11dum	.2111459	.1034472	2.04	0.049	.0008234	.4214684
iv_b22dum	.3707602	.1060909	3.49	0.001	.1552448	.5862756
iv_c1dum2	.2596898	.1142657	2.27	0.028	.0291545	.4902252
iv_e1dum1	-.5187049	.1208497	-4.29	0.000	-.7640263	-.2733836
iv_e2	.1465832	.0255197	5.74	0.000	.094951	.1982155
iv_a1dum	.1947434	.110247	1.77	0.084	-.0271305	.4166173
eduyr	-.0131356	.0125442	-1.05	0.302	-.0385891	.0123178
gender	.0656015	.085684	0.77	0.449	-.1084402	.2396432
age	.0061215	.0041062	1.49	0.144	-.002193	.014436
/cut1	-1.613329	.3252755	-4.96	0.000	-2.269256	-.9574024
/cut2	-.0810683	.3325248	-0.24	0.809	-.7510869	.5889503

```
Multiple-imputation estimates              Imputations        =        35
Survey: Ordered logistic regression

Variance information
```

	Imputation variance			RVI	FMI	Relative efficiency
	Within	Between	Total			
iv_b	.000026	9.5e-06	.000036	.373856	.28478	.991929
iv_b11dum	.007266	.00334	.010701	.472875	.336025	.990491
iv_b22dum	.007774	.003384	.011255	.447769	.323697	.990836
iv_c1dum2	.010534	.002453	.013057	.239471	.202162	.994257
iv_e1dum1	.010238	.004245	.014605	.426459	.312892	.991139
iv_e2	.000491	.000156	.000651	.326452	.257538	.992696
iv_a1dum	.010487	.001621	.012154	.158989	.14362	.995913
eduyr	.000111	.000045	.000157	.413624	.306226	.991327
gender	.005082	.002197	.007342	.444578	.3221	.990881
age	.000012	4.3e-06	.000017	.351165	.271978	.992289
/cut1	.086467	.0188	.105804	.223638	.191244	.994566
/cut2	.092261	.017803	.110573	.198482	.173313	.995073

3.4 小结

归纳本章的多重插补的方法，我们可以总结如下几个要点：

① 如果大样本数据某个或某些变量的缺失比例高于 5%，那么有可能需要多重插补。

② 多重插补要以完全随机缺失机制、随机缺失机制为前提，所以要尽可能保证数据缺失与观测来的数据有关，与未观测到的数据无关。

③ 多重插补分为插补、分析、综合三个步骤，分为插补模型和分析模型。

④ 多重插补需要高质量的辅助变量（分析模型以外的变量），包括预测缺失概率的变量、与缺失变量高度相关的变量。连续型的变量更好用，插补模型中必须包含一个完全观测的变量。分析模型和插补模型中的变量最好一致。模型中的变量总数以不超过 15~25 个为宜。

⑤ 插补的次数从 5 次开始，增加到 20~100 次为宜。

⑥ 单调缺失模式有回归法、预测均值匹配法、趋势得分法等多种方法，插补模型中的变量顺序要按照缺失值比例排序。

⑦ 任意缺失模式有 MCMC 法和链式方程法（或者称为 MICE 法）。MCMC 法要求变量符合多元正态分布，变量在使用前需要进行正态转换。MICE 法更灵活，可以插补定类、定序、定距、计数、半连续变量等，不要求变量符合多元正态分布或其

他联合分布。

⑧ 变量之间最好不要出现多重共线性。

⑨ 插补模型的诊断看缺失信息比例、相对增加的方差、相对效率、参数的稳定性等。

⑩ 插补后的统计分析要分为简单随机抽样和复杂抽样两种情况。

⑪ 插补后的统计分析结果要使用"综合"的结果，而不是某一个数据集的结果。

/ 第 4 章 /

应用案例分析

　　本章选取了四篇例文,分别属于政治学、教育学、经济学和管理学领域。通过对它们的点评,进一步解释、说明多重插补法在社会科学研究中的具体应用。所选取的文章均有第一手的调查数据,对多重插补的步骤介绍比较详细,并且简单易读。

　　四篇文章按照从一般性问题到专门问题、从简单到难的顺序安排。第一篇介绍了多重插补的基本步骤,是本书作者早期的一篇论文。第二篇介绍了单一插补、最大似然插补和多重插补各自的优缺点。第三篇简单介绍了完全条件定义策略下的多重插补方法。第四篇则专门比较了联合策略和完全条件定义策略下的多重插补方法,指出完全条件定义策略的插补方法是相对较新且适用面更广的一种方法。选读后两篇文章是希望帮助读者更深刻地理解这种方法。

　　点评的重点在于,例文选择的多重插补辅助变量、多重插补的次数、多重插补的方法、插补之后的分析方法等方面。选取的例文都有可取之处,但同时也存在不足之处。究其原因,一方面由于多重插补的一些新方法在不断出现;另一方面则在于多重插补在社会科学研究中的应用仍然亟待完善。但无论如何,例文的优点和不足都值得我们参考。

4.1 政治学应用案例

严洁、任莉颖（2010）在《华中师范大学学报（人文社科版）》发表的《政治敏感问题无回答的处理：多重插补法的应用》一文，是国内刊物首次刊登的专门针对政治学变量进行多重插补的文章。其优点之一在于在考虑插补模型的时候将影响无回答的担忧、兴趣和认知这三类变量纳入；之二在于在插补之后进行了复杂抽样下的回归分析。其不足有三点：其一是插补的次数为 5 次，后来的研究更倾向于插补次数在 20~100 次；其二是插补之后使用的是一般线性回归，而因变量虽然为定距尺度，但是由于其不符合正态分布，未做转换，因此并不合适线性回归；其三，未尝试使用完全条件定义策略下的、对不同类型的待插补变量使用 MICE 法进行插补。

从多重插补的步骤上讲，因有可以借鉴之处，这里将摘录介绍和评析。

例文

摘　要

研究者在设计测量方案时，不仅仅要考虑与所研究的问题有关联的变量，也要考虑到出现高比例无回答的可能性，要设计与缺失机制相关的变量。对于处理无回答的技术而言，多重插补是目前

解析

摘要首先介绍了研究的目的和研究的意义，指出对政治学敏感变量进行多重插补时，可参考将认知、兴趣、担忧变量纳入，从而对研究设计提出了需求。

相对较优的方法。本文运用全国概率抽样调查数据，针对政治学敏感问题的无回答处理技术进行了探讨，介绍了多重插补的使用方法，并指出了认知、兴趣和担忧这三种变量对政治学敏感问题进行插补的功效与意义。

　　政治学抽样调查由于其主题的特殊性和敏感性常导致较高比例的无回答。近些年来，在一些测量公民意识、政治态度、价值观等主观性题目或敏感性题目中，无回答的比例常常居高不下，很难控制在 5% 以内。为此，如何处理由无回答而产生的缺失值则成为研究者不可回避的问题。本文进行了一些尝试性探讨。

一、多重插补方法基本概要
……

　　多重插补是由 Demp ster、Laird、Rubin 三位学者最早在 1977 年的一篇文章中提出的。后来 Rubin 教授 1987 年在一本专著中进一步完整地介绍了多重插补的原理和方法。简单地说，多重插补就是给每个缺失值多个插补值。问题是：多重插补和单一插补相比有哪些优

前言引出了多重插补的必要性在于高比例的无回答。

在第一节，文章区分了单一插补和多重插补，界定了多重插补的概念。并指出多重插补与单一插补相比的优势是可以反映缺失值的不确定性，增加了估计的有效性。

点？多个插补值是怎么来的？多个插补值怎样使用？进行多少次插补才有效？使用多重插补的前提假设是什么？对于第 1 个问题，Rubin 教授认为单一插补不能反映出对未知缺失值预测的不确定性，从而估计量的估计方差会有偏差。而多重插补可以适当地反映未知缺失值的不确定性，增加了估计的有效性。这种方法认为回答数据可能隐含着缺失数据的概率分布，从中抽取一个随机样本，对其进行模拟产生一个完整的数据集，然后进行多次的抽取、模拟，那么就能够正确地反映由于缺失值而产生的不确定性。

在多重插补过程中，插补值的产生有三个关键性步骤：第一，对缺失数据进行 m 次插补，产生 m 个完整的数据库；第二，每个完整的数据集都用标准的统计方法进行分析；第三，综合 m 个数据库的分析结果得出推论。

……

多个插补值的合并使用是使用了"平均化"的思想。每一次的插补所产生的完整数据集都可以使用统计方法进行分析，所得出的参数估计被"平均化"，就得到了合并后的参数估计。例如，经

> 这里介绍了多重插补的三个关键步骤，并强调了插补后的分析与插补是分不开的。

> 在这一段，文章作者指出插补后的分析结果使用的是"平均化"的结果。这里用"平均化"一词较易产生误解，像标准误就是

过 5 次的多重插补之后会产生 5 个数据集，随之对于某个被插补的变量可以产生 5 个均值，这 5 个均值被平均化之后获得的就是合并后的均值。但是有些指标并不能简单地靠平均产生，例如显著度的合并计算就很复杂。多重插补后的合并计算一般都用相关的软件进行，例如 SAS、S_Plus 等。有些软件不提供合并分析，例如哈佛大学专门用来做插补的软件 Amelia。

> 利用插补数据集内的方差和插补数据集间的方差综合计算而得，使用"汇聚（pooling）"这个词更佳。

　　关于插补的次数，Rubin 教授指出，通常进行 3~5 次多重插补就足够了。对于缺失比例在 30% 左右的变量，插补 5 次就可以获得很高的相对效率（relative efficiency）。相对效率是缺失比例和插补次数的函数，是评估多重插补效率的一个很关键的指标。

　　……

> 文章介绍了插补次数的选择，限于篇幅，这里未能介绍学者们对于插补次数的争论。本书在第2、3章均建议插补次数从5次开始，逐渐增加直到模型适配，通常以20~100次比较常见。

　　进行多重插补的前提假设，主要和产生缺失的机制有关。按照 Little 教授和 Rubin 教授的定义，缺失机制分为完全随机缺失（Missing Completelyat Random, MCAR）、随机缺失（Missing at Random, MAR）和非随机、不可忽略缺失（Not Missing at Random, NMAR）机制。对于不同缺失机制下的插补，其方法也有所不同。基于 EM 算法、DA 算法的

> 这一段指明多重插补的前提是完全随机缺失或随机缺失机制。但是文章并未展开解释这两种缺失机制的定义和特点，读者们顾名思义会产生误解。关于特点和定义可参见本书第2章。

多重插补都是在MAR的假设下适用的。

……

二、政治敏感问题的多重插补方案

在政治学主题的调查中，敏感性问题通常获得较高比例的无回答。首先需要获得共识的是这种高比例的无回答通常是不可忽略的。

1. 数据。本文所要选择的数据库需要限定在：最近实施的、采取科学的复杂概率抽样设计、在调查实施过程中也符合科学概率抽样调查原则的、全国范围内的政治学主题调查。鉴于这些条件，本文选取了"中国公民意识年度调查（2008）"作为分析资料的来源。该数据库来源于北京大学中国国情研究中心，并获授权使用。"中国公民意识年度调查（2008）"是由北京大学中国国情研究中心设计并实施的一项全国范围的概率抽样调查。研究总体为居住在全国(不包括香港、澳门、台湾)31个省、市、自治区内的18~70岁的成年人群，包括在现住地居住满一个月的流动人口。此次调查按照分层、多阶段、概率与规模成比例的概率抽样设计，在31个省、市、自治区内分了16个层，抽取了73个县级单位，5 461个符合调查资格的住户

在对数据来源进行介绍时，需要包括调查的设计与执行机构、调查主题、调查的研究总体、是否分层？如果分层，分层的指标是什么？初级抽样单位、次级抽样单位都是什么？采用了什么样的抽样方法？抽取的样本量，以及有效回答率是多少？这些有助于读者了解数据的可靠性，以及作复杂抽样下的统计分析时，能够识别出抽样设计的变量，例如，层、PSU、SSU、权重等。

地址，在每个地址中利用 Kish 抽样表随机抽选一名受访人，进行面对面问卷访问。最终完成有效问卷 4 004 份，有效完成率为 73%。

2. 需要插补的变量。中国公民意识年度调查的内容涉及与政治、社会、经济发展相关的诸多主题，例如，……。在这些研究主题中，无回答率比较高的有对民主状况的评价、对权利保障情况的满意度、政治效能感等。

3. 辅助变量的选择。根据插补的基本理论，用于计算插补值的辅助变量必须是和被插补的变量相关联的变量。为了产生高质量的插补，插补模型中要尽可能地包含与被插补变量相关的变量和与缺失相关的变量。

对于可能与缺失相关的变量（为表述方便，本文简称 A 类变量），本文假设人们可能是因为对政治学论题不感兴趣而不愿意回答；也有可能是因为政治敏感而不敢说；还有可能是本身的知识、信息水平不足而难以回答。为此，本文设定四类变量——人口特征、认知、兴趣和担忧——来辅助进行插补。

（1）在人口特征变量中，年龄、性别作为两个最基础的特征变量被纳入插

这篇文章的重点之一在于辅助变量的选择。该文将辅助变量分为四类，读者可以借鉴。

注意，这里本意要使用的"担忧""兴趣"变量应该直接测量在回答待插补变量时的担忧和兴趣，但是由于调查问卷中并未直接测量，所以文章使用了在讨论一般政治话题时候的担忧、兴趣变量，它们有可能与待插补的变量并不高度相关。读者们需要考虑到直接测量待插补变量上的兴趣、担忧、认知和测量对整个调查主题的兴趣、担忧、认知是会有不同的效果的，最理想的是直接测量。

补模型。

（2）代表认知能力的变量有政治知识、受教育程度、信息量等，由于需要插补的变量都是政治学题目，这里把政治知识也作为辅助变量进行考察。但是，政治知识可能和教育程度、年龄、性别等变量产生多重共线性，因此需要事先对多重共线性进行诊断。

（3）代表兴趣的变量有两类，一类是受访者平时谈论政治话题的频率，讨论国家大事的频率，这两个变量通过客观事实来反映受访者对政治的兴趣；另一类是采访员对受访者对整个调查主题的兴趣的判断，由于2008年公民意识调查主题比较集中、单一，可以使用这个变量来代表受访者对政治话题的兴趣。这两类变量都将被事先进行多重共线性的诊断，然后再将关键性的变量纳入插补模型。

（4）代表担忧的变量有三种，即批评中央政府、地方政府和中央领导人时的顾虑。本文将这三个变量也要先进行多重共线性的诊断，然后选择关键变量纳入插补模型。

对于与被插补变量相关的变量（为表述方便，本文简称B类变量），本文作出如下假设：……。

三、多重插补的步骤与结果

本文采用 SAS91113 中的多重插补程序（MI Procedure）和多重插补分析程序（MIANALYZE procedure）来进行研究。前者根据插补模型产生多个完整的数据集，而后者将对这些数据集的参数进行合并，给出参数估计，用来产生有效的统计推断。

使用多重插补程序的基本步骤如下：

1. 判断缺失模式

缺失模式对数据分析有很大的影响，在 SAS91113 中，针对单调缺失（monotone missing pattern）、任意缺失（arbitrary missing patterns）有不同的语句。在单调缺失模式下，插补方法的选择有更大的灵活性，可以使用回归模型和倾向得分法，也可以使用 MCMC 方法。但对任意缺失模式，只能应用 MCMC 方法。在使用 MCMC 语句时需要注意：它要求变量符合多元正态分布，对于不符合多元正态分布的变量需要事先进行转换。

2. 辅助变量的多重共线性诊断

在建立插补模型时，许多辅助变量之间可能会出现多重共线性问题。而多重共线性有可能导致 MCMC 程序不

这一节描述多重插补的步骤和结果，步骤包括判断数据缺失模式（判断结果为任意缺失），选择多重插补方法（选择了MCMC），对变量进行正态转换（未详细表述），变量间多重共线性诊断（限于篇幅未表述诊断方法和结果），确定插补次数，执行多重插补和执行多重插补后的复杂抽样线性回归。

在解释多重共线性诊断时，文章"建议把方差膨胀因子作为一种参考"这句话，容

能获得正确的结果。为此，在进行插补时需要对辅助变量的多重共线性进行诊断。但是有一点需要注意的是，多重共线性的诊断在插补之前会把那些有缺失值的样本排除在外，这就有可能导致更高的同质性。因此，建议把方差膨胀因子作为一种参考。

易引起读者的误解。文章本意是，方差膨胀因子只能作为参考，不能作为唯一重要的判断标准，因为"多重共线性的诊断在插补之前会把那些有缺失值的样本排除在外"。

本项研究中，所有用来进行插补的辅助变量首先使用方差膨胀因子这个指标对多重共线性进行诊断，然后删掉了与其他变量具有多重共线性，又能被其他变量解释的变量。例如，政治知识由于和受教育程度具有较高多重共线性，并且能够被它解释，最后被剔除在插补模型之外。表示担忧的三个变量之间也具有较高的相关性，最后保留了"对批评中央政府的担忧"这个变量。代表兴趣的变量也经过了如此的诊断之后，保留了两个变量，即"讨论政治话题的频率"和"采访员对受访者兴趣的判断"。

3. 多重插补的结果

对需要插补的变量，本文设定了四个可供比较的插补模型。在每个模型中，保证人口特征变量和B类变量始终都在其中，但是对于A类变量中的认知、兴趣、担忧三种变量则依次进行检

在执行多重插补时，文章设定了多个模型（这里只对表3做了部分截取），目的是检验辅助变量中的认知、兴趣、担忧等变量究竟哪些更有用。

验：（1）模型1：只放入认知变量；
（2）模型2：在模型1的基础上增加了
兴趣变量；（3）模型3：放入了认知和
担忧变量，没有放入兴趣变量；（4）
模型4：放入了认知、兴趣和担忧变
量。表3是按照四种插补模型进行插补
的结果。

　　表3列举的三个指标：相对效率
（Relative Efficiency）、增加的相对方差
（Relative Increase in Variance）、缺失的
信息比例（Fraction Missing Information）
是评估插补效果的重要指标，如果执行很
多次的插补，并且插补方案比较合理的
话，缺失的信息比例会降低，并且相对
效率会超过99％。

……

表3　不同插补模型的多重插补结果

	模型1			模型2			模型3			模型4		
	相对增加的方差	缺失信息比例	相对效率	相对增加的方差	缺失信息比例	相对效率	相对增加的方差	缺失信息比例	相对效率	相对增加的方差	缺失信息比例	相对效率
F2	0.30	0.25	0.96	0.44	0.33	0.95	0.77	0.47	0.96	0.10	0.09	0.98
A4	0.01	0.01	1.00	0.01	0.01	1.00	0.02	0.02	1.00	0.01	0.01	1.00
D5A				0.01	0.01	1.00				0.01	0.01	1.00
Z5				0.01	0.01	1.00				0.01	0.01	1.00
C9							0.17	0.15	0.98	0.12	0.11	0.98
D13	0.04	0.04	0.99	0.02	0.02	1.00	0.03	0.03	0.99	0.03	0.03	1.00

这一段指明了评估多重插补效果的三个指标，限于篇幅并未展开，读者请参照本书第2章，理解这三个指标的定义和作用。

　　表3显示出：模型4相对于其他
三个模型获得了更好的插补效果，对于

被插补的变量 F2 来说，其插补的相对效率达到了 98%，增加的相对方差为 10%，缺失的信息比例仅为 9%，而其他三个模型中，模型 3 因为缺少了兴趣变量，结果损失的信息比例达到了 47%，插补的相对效率也最低。模型 2 则缺少担忧变量，相对效率为 95%，缺失的信息比例为 33%。模型 1 虽然没有兴趣变量和担忧变量，但是认知变量起到了更加重要的作用，当只有认知变量的时候，插补的相对效率能够达到 96%，缺失信息的比例为 25%。

虽然，在本项研究中，表3中的模型4显示了担忧变量的有效作用，但是当只有认知变量和担忧变量的时候，插补的效果大大降低（见表3中模型3的结果），而且当没有这个变量的时候，模型1和模型2的插补效果也比模型3好。

另外，检验插补模型的一个方法是，如果在不同的插补次数之间发现参数估计的结果变化很大，那就说明插补模型很差或者插补用的数据集较少。本文所使用的数据集比较大，因此通过不同插补次数之间参数估计的变化可以检验插补模型的优劣。表4显示了依据模型4进行插补 4 次、5 次和插补 6 次的参数

> 读者从这三个自然段可以看出评估多重插补模型的思路，一方面要参考相对效率、增加的相对方差、缺失的信息比例，另一方面还要看参数的稳定性。

估计结果，可以看出，F2 这个变量在不同的插补次数之后获得的参数估计是稳定的。

表4　不同次数插补后的被插补变量 F2 的均值估计与置信区间

	相对增加的方差	缺失信息比例	相对效率	均值	标准误	均值的 95% 置信区间	
插补 4 次	0.051	0.050	0.988	5.638	0.035	5.569	5.706
插补 5 次	0.124	0.115	0.977	5.642	0.036	5.571	5.713
插补 6 次	0.098	0.092	0.985	5.643	0.036	5.572	5.713

4. 多重插补后的合并分析

……

本文选择复杂抽样设计下的回归分析方法（在 SAS 中的命令是 surveyreg）来研究"对民主状况的评价"这个变量的影响因素，然后用多重插补分析程序来计算回归系数。其结果如下：

表5　对民主状况评价的影响因素的回归分析结果

	回归系数的参数估计	标准误	95% 置信区间		显著度
Intercept	6.80	0.58	5.63	7.98	< 0.0001
a4	−0.03	0.01	−0.05	0.00	0.0361
d5a	−0.02	0.05	−0.11	0.07	0.7127
z5	0.05	0.06	−0.07	0.16	0.4060
c9	0.00	0.05	−0.10	0.09	0.9840
d13	−0.18	0.06	−0.31	−0.05	0.0072

（部分截取）

在执行多重插补之后，进行统计分析时要分清简单随机抽样的数据和复杂抽样的数据。文章使用了复杂抽样下的线性回归，这是其文章的优点之一，但是并未解释使用复杂抽样线性回归的原因，也未解释什么是复杂抽样，对此，读者请参见本书第3章。

此外，文章使用的是线性回归，而因变量是 0~10 的定距变量，并且不是正态分布，使用线性回归则不合

注：surveyreg 命令输出的抽样设计信息为：16 个层，73 个初级抽样单位，4 004 个样本，总体约为 6 104 亿人。SAS 中的命令语句为：

```
proc surveyreg data = miwk04 ;
    cluster psu ;
    strata st rata / nocollapse ;
    model f2 = a4 d5a z5 c9 d13 b4 d16a e7d e7i e7j
f5 e1 e6 b10 b2 age gender_d ;
    weight wt_base ;
    by _Imputation_ ;
    ods output ParameterEstimates = f204parms ;
run ;
proc mianalyze parms = f204parms ;
    modeleffect s Intercept a4 d5a z5 c9 d13 b4 d16a
e7d e7i e7j f5 e1 e6 b10 b2 age gender_d ;
run ;
```

适。本书第3章中建议将0~10的定距变量转换成定序或者多分类变量使用。

这里列举了执行多重插补基本的SAS语法，值得借鉴。

四、结论

……

首先，对于多重插补的技术而言，高比例的无回答不能简单忽略，否则会产生估计偏差；其次，对于高比例的无回答进行技术处理时，多重插补是一种比较有效的方法。在进行多重插补时要事先判断缺失模式，对于不同形式的缺失模式有不同的方法。当样本量比较大时，插补的次数不必太多，3 ~ 5 次就可以达到比较高的效率。多重插补后，需要对每一次插补所产生的数据进行合并分析……；第三，在进行多重插补时，辅助变量的选择是非常重要的工作……。虽然，尽可能多地使用潜在的相关变量，能够更全面地进行插补，但是，

在结论部分，文章作者点明了主旨：高比例的无回答应该使用多重插补，多重插补需要借助高质量的辅助变量。根据不同的缺失模式选择多重插补的方法，插补后要执行统计分析，使用合并后的分析结果。并建议针对政治敏感性变量，对政治的认知、兴趣、谈论政治的担忧是需要考虑的辅助变量。

具有多重共线性的变量应该事前进行诊断,留下关键性的变量代入插补模型。

对政治敏感性问题无回答的多重插补而言,本文建议选择以下辅助变量:

第一,代表认知程度的变量……。

第二,代表兴趣的变量也应该纳入插补模型……。

第三,代表担忧的变量对于政治敏感性问题的插补作用还需要进一步讨论,它是否能够对插补产生有益的作用,本文并不能断然作出结论。从表3中的四个模型之间的差异可以看出,担忧变量的作用并不稳定,其中的原因有可能在于担忧变量本身也有较高比例的无回答,也有可能在于担忧变量本身测量的效度不足。这个问题还有待于进一步的采集数据并进行检验。

第四,与被插补变量有关系的其他辅助变量的选择因研究主题而异,它们对被插补的变量能够起到非常重要的作用。

综上所述,……

最后建议在研究设计时,要尽可能考虑影响数据缺失的因素,并将其测量回来。

4.2　教育学应用案例

Bradley E. Cox 等人的论文《Working with Missing Data in Higher Education Research：A Primer and Real-World Example》，在 *The Review of Higher Education* 上发表（2010）。这篇文章除了方法具体、简单易读，其独特之处在于，这是教育学量化研究中，对缺失值采用不同处理方法而进行比较的一个例子。而且这篇文章对于**虚拟变量调整法**、**最大似然法**有较详细的介绍，可以补充本书第 2 章的内容。

例文	解析
In the study of higher education, nearly all quantitative analyses draw from incomplete datasets. Incomplete responses from research participants（as occurs when someone skips a survey item or refuses to answer a question）can have a dramatic influence on the results produced through statistical analysis. Although the manner of in uence varies depending on how missing data are handled，at least some bias occurs whenever data are missing.	文章作者开篇指出，在高等教育定量研究中，多数分析来自于不完整数据集。并指出基于不完整数据的分析很难消除所有的偏差。
No amount of statistical compensation can remove all of the biases inherent with incomplete data. Indeed, Allison（2002）concluded that the"only really good solution to the missing data problem	文章引用Peugh and Enders（2004）的分析——1999年到2003年教育研究论文中389篇

is not to have any"（p.2）.But as Allison also acknowledged, perfectly complete data sets are highly improbable when conducting survey research on human subjects.

The prevalence of missing data in education research was illustrated most clearly by Peugh and Enders(2004) who examined leading education journals published in 1999 and 2003. They identified 389 studies that were published with missing data, all but six of which either ignored the issue entirely or employed outdated "traditional"methods (e.g., mean replacement, listwise deletion) of missing-data adjustments. A review of recent articles from the *Review of Higher Education* suggests that missing data still pose a problem for quantitative researchers in the field. Of the 20 articles published in 2012, one was a conceptual piece about network analysis, one appeared to have no missing data, one was an invited response piece, and eight more were qualitative (excluding one "supplemental" issue）. Of the nine quantitative articles with incomplete data, only three provided explicit justifications for their approach to handling missing data. The remaining six quantitative articles made little or no mention of missing data,

包含缺失值，除了6篇以外，其余的要么忽略缺失值，要么是用传统方法来处理缺失值——来说明大多数研究都没有正确处理缺失值。接着用2012年的20篇文章进一步佐证了此观点。

generally leaving the reader to use context clues to infer that any case with any missing data was excluded from analysis(i.e., listwise deletion).

Higher education researchers thus regularly encounter—and often ignore—a problem for which there is no perfect solution. Nonetheless, researchers can deal with missing data in a manner that corrects as much as possible for known biases while also maximizing data usability and applicability to the broad aims of the research project. To help researchers do so, in this article we (a) describe why missing data matter, (b) discuss the advantages and disadvantages of four traditional methods for handling missing data, (c) highlight two modern methods for handling missing data, and (d) present a real-world, empirical example of how one's approach to missing data can have important effects on statistical conclusions, researcher interpretations, and resultant implications for policy or practice.

本篇文章的目的: (a)描述缺失值带来的问题; (b)讨论四种传统的处理缺失值的方法的优缺点; (c)重点介绍两种现代处理缺失值的方法; (d)给出一个如何处理缺失值的实例。

We are certainly not the first group of researchers to highlight the issue of missing data. Outside of higher education, the topic has received considerable attention in the fields of psychology and sociology. The

接着做了文献综述。

topic has also been addressed in education broadly, most notably by Peugh and Enders (2004) in Educational Researcher.

......

Thus, we try to overcome each of these potential reasons for hesitation by (a) using real data collected through surveys of 5, 000+ students at 33 institutions, (b) showing that different missing-data approaches can lead to substantively meaningful differences when interpreting results, and (c) providing direct suggestions for selecting an appropriate method for handling missing data.

Why Missing Data Matter

Rubin's (1976; Little & Rubin, 1987, 2002) terms describing the mechanism by which data are missing, though somewhat confusing syntactically, are foundational to any discussion of analysis with missing data. Data are said to be "missing completely at random" (MCAR) when the likelihood of data being missing for variable Y is not related to the value of Y itself, nor to any other variables in the analytic model.

......

Throughout this article, we assume that the missing data are "missing at

> 然后指出这篇文章会做什么：（a）使用33个机构中的5 000名多学生的真实数据来分析；（b）展示不同的缺失值处理方法能够得到什么样的不同结果；（c）对恰当处理缺失值提供建议。

> **缺失值带来的问题**
> 文章先通过引用经典文献介绍了三种缺失机制：MCAR、MNAR、MAR。这篇文章是基于随机缺失的假定。

random" (MAR）.

......

Regardless, missing data of any type can have adverse effects on two key components of any statistical analysis (parameter estimates and standard errors), which can lead to errors of inference and interpretation.

Parameter Estimates

When aware of the reason (s) why some people would not respond to questions, researchers could alter the study's data collection procedures to encourage complete responses. However, despite meticulous planning and conscientious implementation of strong designs, researchers typically end up with some missing data for which they cannot know exactly the reason.

Regardless, there is a reason.Without accounting for the underlying reasons for such missing data, the resulting parameter estimates (e.g., means, correlation coefficients) contain bias of an unknown direction and magnitude, making the bias difficult to detect and easy to overlook. These unknown biases are even more difficult to identify in multivariate analyses derived from a variance-covariance matrix

◀ 然后指出, 任何机制的缺失数据都会影响两类关键的统计分析指标: 参数和标准误, 从而均有可能导致错误的统计推断。

◀ **参数估计**
　如果没有考虑到数据缺失的潜在原因, 参数估计的结果就会包含未知方向和幅度的偏差, 而且在复杂的基于方差协方差矩阵的多元分析中, 这种偏差会更难识别。

(e.g., regression, hierarchical linear models).

Standard Errors

Standard errors represent the precision and certainty with which an estimated statistic (e.g., mean, Pearson correlation, regression coefficient) reflects a true population parameter. An instance of missing data reflects the explicit absence of a known value for a particular variable in a particular case, thereby introducing uncertainty into any estimate of population parameters. Without accounting for uncertainty introduced by such "missingness," standard errors will be underestimated (biased downward, sometimes dramatically, depending on the amount of missing data), thus increasing the likelihood of making a Type-I error where one incorrectly finds that an estimate is statistically significant.

Four Traditional Options for Handling Missing Data

Listwise Deletion (Full-Case Analysis)

......

This approach is appealing for two reasons. First, it is simple to implement and can be used for any type of statistical

标准误

标准误代表精度、确定性和估计量（例如均值、皮尔森相关系数、回归系数）一起来反映总体参数。

缺失值会导致标准误被低估，进而增加发生Ⅰ型错误的可能性。结果会错误地发现估计量统计显著。

文章这里提到了Ⅰ型错误，统计推断会有两种类型的错误产生，Ⅰ型是纳伪，Ⅱ型是弃真。

四种传统的处理缺失值的方法

列表删除

文章作者指出使用列表删除法的原因：一是简单，二是在某些特

analysis. Second, in certain specific circumstances, full-case analyses yield parameter estimates as accurate as, and sometimes even more accurate than, more modern or complex approaches. Allison (2002) concluded that "whenever the probability of missing data on a particular independent variable depends on the value of that variable (and not the dependent variable), listwise deletion may do better than maximum likelihood or multiple imputation" (p. 7). Similarly, Graham (2009) argued that parameter estimates from listwise deletion will be only minimally biased, "especially for multiple regression models" (p. 554), when sufficient covariates are included in the models.

Concerns about complete-case analyses come in two forms. First, in many circumstances—whenever the criteria outlined by Allison (2002) and Graham (2009) are not met—parameter estimates may be biased (Allison, 2002; Little & Rubin, 1989).If cases are removed from the original sample, the remaining analytic sample is not fully representative of the original sample or population, creating conditions likely to yield biased parameter estimates (Little & Rubin,

殊情况下也能得到无偏估计。Allison (2002) 总结的一种特殊情况是,当一个自变量上的缺失值发生概率取决于该变量本身的值,并且与因变量无关时,列表删除比最大似然法和多重插补法好。Graham (2009) 指出,当在模型中纳入足够的协变量时,列表删除只会产生很小的偏差。

文章提醒读者使用列表删除时需要注意:(1)在多数情况下,数据缺失并不能符合Allison和Graham所描述的特殊情况,为此使用列表删除会使得参数估计产生偏差。(2)即使满足了Allison和Graham所描述的特殊情况的标准,列表删除也会导致有效样本量减少,进而降低统计效力。

1989).Second, and even when the Allison (2002) and Graham (2009) criteria are met, researchers using listwise deletion decrease the effective sample size, thereby decreasing the statistical power of the analyses. The loss of power makes it more difficult to detect relatively small (but potentially important) effects or relationships between variables.

In a field where strong models often explain little more than 10% of the variance in student outcomes, researchers can ill afford any unnecessary loss of statistical power.

Pairwise Deletion

In an effort to retain cases and preserve statistical power, some researchers employ a process called pairwise deletion.

......

When based on a pairwise approach to missing data, the covariance pairs populating such a matrix would be based on different subsets of cases and have inconsistent values for *n*. Thus, parameter estimates would not only be biased but also be biased in multiple directions and magnitudes.

The lack of a consistent *n* also complicates calculations of appropriate standard errors, requiring complex formulas not typically

> **成对删除**
> 为保有较多样本量和统计效力使用成对删除。成对删除不仅会造成偏差,而且会产生多个方向和幅度的偏差,还会导致计算标准误的困难,增加矩阵非正定的可能性。

available in popular statistical software (Allison, 2002; Graham, Cumsille, & Elek-Fisk, 2003). Finally, because the variance-covariance matrix may have less information than would be expected based on the number of variables, a pairwise approach increases the likelihood (relative to other approaches for handling missing data) of obtaining a matrix that is not positive definite, a circumstance that halts most analyses (Allison, 2002; Graham, 2009; Kim & Curry, 1977).

Mean, Regression, or Hot-Deck Imputation

Mean substitution, regression-based single imputation, and hot-and cold-deck imputation are grouped together because results using any of these procedures suffer from similar problems (Schafer & Graham, 2002). While these methods preserve data and are easy to use, their flaws make them less appealing than the more modern approaches to missing data. Mean substitution fills in the missing value with the sample mean (or, sometimes, the median or modal value) for each particular variable. This procedure does not alter calculations of variable means.

However, because the values filled in for a variable are all the same, the addition of mean-imputed values reduces estimates

均值、回归和热平台插补

文章在此部分介绍了这几种插补方法的概念,重点指出: 均值插补不会影响该变量的均值估计,但是会降低该变量的方差。分层均值插补和回归插补虽有改善,但是解决不了根本问题。热平台和冷平台插补的好处在于,和均值插补相比会保护变量的分布特性,而且缺失值比例或缺失变量增多时,回归插补、热

of population variance, thereby attenuating variance and covariance estimates (Roth, 1994) and any subsequent statistics derived from the variance-covariance matrix. Mean imputation for subgroups (e.g., replacing missing values for an individual woman's SAT score with the mean SAT score of all sampled women) offers some improvement over whole-sample mean replacement but remains problematic for similar reasons. A slight improvement over mean imputation procedures, regression imputation (or conditional mean imputation, as it is sometimes called) creates a predictive model that uses available data as regressors to generate a predicted value for missing data points.

Hot-deck and cold-deck procedures involve the replacement of missing data points with values from other "matched" cases in the same dataset (for hot-deck) or a comparable dataset (for cold-deck). For example, ... These methods are intuitively appealing because the values assigned are generally realistic values that, unlike mean substitution, preserve the variables' distributional characteristics (Roth, 1994; Schafer & Graham, 2002). Moreover, the quality of regression, hot-deck, and cold-deck imputations improves

平台和冷平台插补比均值插补具有更高的质量。尽管如此，这些方法都有可能导致估计偏差和低估标准误。

as the number of cases and/or variables increases (thereby allowing greater complexity in the regression equation and/or matching procedure). However, each of these methods is likely to yield biased parameter estimates and underestimated standard errors (Schafer & Graham, 2002); r-squared will be overestimated in subsequent regressions that include the imputed variables (Graham, et al., 2003).

Dummy-Variable Adjustment

The fourth "traditional" method for handling missing data builds upon mean imputation procedures by introducing one or more dummy-coded variables indicating the extent to which each case contains missing data on the variables included in the analyses. Based on the procedure suggested by Cohen and Cohen (1975), several variants of dummy-variable adjustments have been employed by educational researchers. In all variations, however, the underlying principle is the same: When including a dummy-coded indicator of missingness alongside the original and mean-imputed data, the calculated coefficient for the dummy variable attempts to control for whatever effect an independent variable's missingness might have on the dependent

虚拟变量调整法

该方法在均值插补的基础上,引入一个或多个以 1,0 编码的虚拟变量,以此来表示每一个案例是否在某个变量上包含缺失值。配合原始数据和均值插补后的数据,将这些虚拟变量纳入分析模型,用虚拟变量的系数控制自变量缺失对因变量所带来的影响。但是,这种办法已经被证明失效,并不建议再使用。

参见 Allison 2002 年的著作。

variable.

However, as first demonstrated by Jones (1996), subsequently confirmed by Allison (2002), and stated plainly by Graham (2009), the dummy-variable approach "has been discredited and should not be used" (p. 555).

Two Modern Options for Missing Data

Having recognized the various shortcomings of the traditional approaches to statistical corrections for missing data, methodologists have developed two "modern" methods that offer considerable improvements over the traditional approaches. Granted, these methods are not perfect.

First, as Enders (2010) notes, data that are not multivariate normal in their distribution "can distort model fit statistics and standard errors, with or without missing data" (p.124), and even the most advanced missing data procedures can yield biased parameter estimates when continuous variables are highly skewed (Lee & Carlin, 2010). Still, these "modern" approaches (especially multiple imputation) are quite robust to violations of such assumptions about the data (Allison, 2002; Johnson & Young, 2011).

Second, maximum likelihood

两种现代的方法

现代方法指的是最大似然法和多重插补法。

文章提醒读者,现代方法也不是完美的。

首先,不满足多元正态分布的数据会扭曲模型拟合统计量和标准误,对于偏态分布的连续变量还可能产生估计偏差。

其次,最大似然法或多重插补法导致复杂推断,因为插补后的数据集会包含不合逻辑的值。

最后,高级插补方法也无法解决多重共线性或模型设定不正确所带来的问题。

or multiple imputation procedures can complicate interpretation of subsequent analyses because imputed datasets can contain illogical or implausible values for certain cases (e.g., a typically dichotomous "sex" variable could be imputed as 8.7% female, or a Likert scale with integer anchors ranging from 1 to 5 could have an imputed value of 0.23) — a phenomenon that, while intuitively perplexing, is statistically legitimate. Although software packages often include an option to round imputed data or force plausible values for each imputed variable, statisticians generally discourage the practice (Graham, 2009; Horton, Lipsitz & Parzen, 2003; Schafer, 1997; see Bernaards, Belin & Schafer, 2007, for a more thorough discussion).

Finally, the use of an advanced imputation method does not immunize subsequent analyses from computational or interpretive complications caused by multicollinearity or improper analytic model specifications. Nonetheless, data sets created by maximum likelihood and multiple imputation procedures retain all of their original cases and maintain the underlying relationships between variables. ...

In subsequent sections of this article, we highlight additional procedure specific adjustments that allow researchers to further increase the accuracy and precision of their analyses with imputed data. Collectively, the benefits of these "modern" approaches to missing data analyses typically outweigh their costs, and most statisticians （e.g., Allison, 2002; Enders, 2010; Graham, 2009; Little & Rubin, 1987; Schafer & Graham, 2002）conclude that such approaches generally outperform their more "traditional" counterparts. As Allison （2002）summarizes, "Some missing data methods are clearly better than others" and "maximum likelihood and multiple imputation [approaches to handling missing data] have statistical properties that are about as good as we can reasonably hope to achieve"（p. 2）.

Maximum Likelihood

Maximum likelihood approaches to missing data imputation use iterative procedures to estimate means, variances, and covariances re ecting the most likely population parameters from which the sample data would be drawn.

Within the family of maximum likelihood procedures, the application of some variant of Little and Rubin's （1987, 2002）.Expectation-Maximization （EM）algorithms is perhaps the most commonly used in the educational

最大似然法

在最大似然法中，EM算法最常用，其他的如完全信息最大似然法（FIML），特别适用于结构方程模型或者包含交互项的模型。

关于EM算法的概念介绍参见本书第2章。关于最大似然法的介绍，请参见Allison, 2002年的著作。

literature. Other maximum likelihood approaches appear infrequently in higher education research. For example, a Full-Information Maximum-Likelihood (FIML) procedure, typically used for structural equation models, can offer some advantages, especially when interactions among variables are of particular interest to the researcher. However, the relative complexity of FIML has limited its inclusion in popular statistical software and, even when included, generally limits the range of statistical analyses that can be applied to the data (Graham, 2009; Johnson & Young, 2011). See Hausmann, Ye, Schofield, and Woods (2009) for an example of FIML used in higher education; see Enders (2001, 2010) for details about FIML procedures.

The EM procedures involve a two-step, iterative process.

……

In creating an EM-imputed dataset, for example, SPSS replaces the original missing data with data from the last iteration's Expectation results, a practice yielding subsequent statistics with lower levels of variance than the true maximum-likelihood means, variances, and covariances (von Hippel, 2004).

文章也指出了 EM 算法的缺点。在构建 EM 插补数据集的过程中，SPSS 软件会用最近一次迭代的期望值替换掉原始的缺失值，从而会导致随后的统计分析所

Moreover, the analyses thereafter are unable to distinguish the original data from the imputed data. Despite the increased level of uncertainty introduced by the missing data, therefore, subsequent analyses using a single EM-imputed dataset fail to account for such uncertainty and yield standard errors that are artificially small, threatening the validity of subsequent hypothesis testing (Graham, 2009; von Hippel, 2004). In sum, although imputation using an EM algorithm will produce generally unbiased correlation and regression coefficients, researchers must acknowledge the increased likelihood of Type I errors and would be wise to adopt more conservative critical p-values (e.g., .01 instead of .05).

Multiple Imputation

......

During multiple imputation, an initial value for each originally missing data point is predicted using other data in the dataset. Then, a random error term, drawn from a Bayesian distribution of parameter estimates, is added to each predicted value. The process iterates with the new values (i.e., initial value plus random error term) serving as the initial values for the next iteration. After some defined number of iterations, the imputed

使用的方差被低估。EM 方法虽然得到无偏的相关系数和回归系数, 但是标准误会被低估, 会增加 I 型错误的风险, 为此要选择更严格的显著度, 例如用 $p < 0.01$ 来取代 $p < 0.05$。

本书作者提醒读者注意: 最大似然法是基于变量之间的联合分布, 其中多元正态分布最常用, 而多数情况下, 联合分布很难满足, 因此限制了它的使用范围。另外, 最大似然法对于一些复杂的回归模型很难使用, 但是多重插补法可以打破上述两个限制。

values are written to a new dataset. This process repeats to create a user-specified number of imputed datasets. Subsequent substantive analyses are then run separately for each of the imputed datasets. The resulting parameter estimates and standard errors are pooled, typically using equations outlined by Rubin（1987）.

......

Multiple imputation, however, has practical limitations. First, because the imputation process includes the addition of random error terms, estimated population parameters （e.g., means or regression coefficients) from analyses using imputed data will differ slightly each time an analysis occurs. These differences, occurring even if researchers were to repeat the same analysis on the same data, are （perhaps counter-intuitively) statistically legitimate variations re ective of the uncertainty inherent in any analysis that includes missing data. Second, the introduction of random error modifications after each iteration adds considerably to computational complexity. Accordingly, multiple imputation may not be practical for researchers using large datasets or employing complex analytic models （sometimes requiring hours or days to

多重插补法
　文章首先介绍了多重插补法的定义和方法，参见本书第 2、3 章的内容。

　作者接着也指出了多重插补法的局限。首先，插补程序由于包含一个附加的随机误差项，为此，用同样的数据和程序进行的每一次分析，得到的总体参数会略有不同。其次，引入随机误差调整后，每次迭代会增加相当大的计算复杂度。因此，多重插补可能不适用于大型数据集或采用复杂的分析模型。

complete）.

Conclusions from the Literature

……

A Real-World Example of Missing Data Approaches and Outcomes

Complicated equations and technical language can make it difficult to recognize the manner in which decisions regarding missing data can affect study results. This section offers a straightforward example of how different approaches to the missing data problem play out in a real-world study. In this example, we use data from the Parsing the First Year of College Project to explore whether and how students' critical thinking is related to their use of activities reflecting Bloom's （1956) taxonomy of learning.

Sample

The Parsing the First Year of College Project drew student participants from a pool of all baccalaureate degree-seeking first-year students enrolling in 33 participating institutions during the fall 2006 term. To be included in the final sample, students must have completed both the ACT Test （college entrance exam) and at least one of four assessments in the spring 2007 term near the end of their first college

处理缺失值的实例

文章作者使用"解析大学第一年项目"（The Parsing the First Year of College Project)的数据来分析学生们的批判性思维是否受到他们的分类学习活动的影响。

样本

样本是从2006年秋季学期在33家机构注册的所有1年级学生中抽选出来的。学生们必须参加过ACT考试，并且至少完成4个2007年春季入学评估中的1个。样本量为5 905个。

year: (a) the National Survey of Student Engagement, (b) the Critical Thinking and/or Writing Skills module (s) of the Collegiate Assessment of Academic Progress (CAAP), and (c) a supplemental survey designed specifically for this study. Data from these assessments were augmented by information provided by participating institutions and drawn from students' ACT college entrance exam (both the student profile information and the actual test scores). A total of 5, 905 students provided information on one or more of the study's instruments.

Data and Missingness

For this example, we use students' scores on the CAAP-Critical Thinking (CAAP-CT) module as our outcome variable. Of the 5, 905 students in our sample, 2, 245 had data for all of the 14 variables used in this example, including demographic information, measures of precollege academic success, and college experiences. (See Tables 1 and 2 for details.) Most student cases either provided complete responses or were missing data on only one variable. The distribution of missing values is presented in Table 1 and Figure 1. The most frequently missing data element was the dependent variable

数据和缺失

使用学生的 CAAP 得分，即把批判性思维作为因变量。样本量为 5 905 个，其中有 2 245 个在所有要用的 14 个变量上有完整数据，其余的样本有或多或少的数据缺失。表 1 和表 2 提供了变量内容信息和数据缺失情况。因变量的缺失值比例最高，为 51%。其余变量的缺失值比例为 0.3%~18%。

(CAAP-CT).

Although we have heard of researchers in higher education avoiding the imputation of outcome variables, statisticians (Landerman, Land, & Pieper, 1997; Little & Rubin, 2002) have demonstrated that the imputation of dependent variables "is essential for getting unbiased estimates of the regression coefficients" (Allison, 2002, p. 52; emphasis Allison's).

Table 1   Distribution of Missing Data

Figure 1   Distribution of missing data in the real-world example.

Analyses Conducted to Compare Approaches for Handling Missing Data

To demonstrate the effects of different approaches for handling missing data, we ran two sets of analyses typical of methods used in studies of student success in higher education. In the first analysis, we compiled descriptive statistics for each of the 14 variables to be used in subsequent regression analysis. Means and standard deviations are presented in Table 2. For the second analysis, we ran an OLS regression in which we regressed students' score on the CAAP—Critical Thinking

文章指出，尽管有的研究提到要避免对因变量进行插补，但是统计学家认为对因变量进行插补对回归系数的无偏估计是至关重要的。

处理缺失的方法比较分析

文章使用了两套方法进行比较。一是对回归模型要用到的14个变量进行描述统计。二是以 CAAP 得分为因变量做 OLS 回归。表 2 列举了四种处理

module on the 13 variables reflecting students' demographic characteristics, precollege academic preparations, and college experiences. Many other forms of statistical analyses (e.g., logistic regression, structural equation modeling, or hierarchical linear modeling) add considerable complexity and nuance to the discussion of missing data adjustments and, therefore, fall beyond the scope of this paper. Readers seeking an introductory discussion of these circumstances should review Allison (2002) and/or Graham (2009).

Table 2　Comparison of Descriptive Statistics using Four Missing-Data Methods

Missing Data Approaches Used for Comparison

We repeated the descriptive and regression analyses for each of four popular approaches to dealing with missing data: (a) using only complete cases (i.e., listwise deletion); (b) a combination of pairwise deletion, mean imputation, and dummy-variable adjustment; (c) maximum likelihood imputation using an Expectation-Maximization algorithm to create a single imputed dataset; and (d) multiple imputation creation of 10 imputed datasets.

缺失值方法所得各变量的均值和标准差。

四种方法分别是 a. 列表删除; b. 成对删除与均值插补、虚拟变量调整的组合方法; c. 基于 EM 算法的最大似然法; d. 多重插补法 (10 次插补)。使用的是 SPSS18.03 软件。

本书作者提醒读者们注意, 做多重插补的软件在一些复杂模型上有功能上的差别, 参见本书第 5 章。SPSS 软件能够实现多重插补后的 OLS 回归。

All data manipulations and calculations were made using SPSS software (version 18.03).

Complete-Case Analyses (Listwise Deletion)

Using the most frequently chosen and simplest option for handling missing data excludes from analysis any student who is missing any of the relevant data. In our example, full-case analysis could be conducted on 2, 245 students, meaning that data from 3, 660 students would be ignored. By including only students with complete data, we lost more than 60% of our available cases, many of which were missing only one of the 14 relevant data points. Results from the complete-case analyses are presented in the first column of Tables 2 and 3.

Pairwise Deletion, Mean Imputation, and Dummy-Variable Adjustment

To improve clarity in reporting results—and to re ect the way in which the three procedures are often used together in practice—we combine pairwise deletion, mean imputation, and dummy-variable adjustment procedures.

When calculating descriptive statistics,

列表删除法
只使用了 2 245 个提供完整数据的样本。

成对删除与均值插补、虚拟变量调整的组合方法
在计算均值和标准差的时候使用成对删除法。在做回归分析之前,使用虚拟变量调整法创建虚拟变量,

we employ pairwise deletion with the result that means and standard deviations reported in the second column of Table 2 are based on all cases that have a value for a particular variable. Thus, because the CAAP-CT score was missing for nearly half of the students in the dataset, its descriptive statistics are based on only 2, 895 students' scores. In contrast, every student had an ACT Test score, so descriptive statistics for that variable are based on roughly twice as many students (n=5, 905).

Before running regression analyses using a dummy-variable approach to adjust for missing data, the researcher must choose which variant of the dummy-variable procedure to implement. The most common variations are to: (a) create a single variable indicating the extent to which each case includes missing data on the variables to be included in the analysis (i.e., a summary of each case's overall level of "missingness"), or (b) create a dummy-coded indicator of missingness for each of the variables to be included in the analysis. For example, a variable called "missing_q6" would be given a value of 0 for all students who answered the original question 6 and would be given a value of 1 for students who did not answer the

然后将虚拟变量纳入回归模型。在运行回归模型时，选择均值插补法。

虚拟变量创建方法举例来说：先创建一个叫"missing_q6"的变量，如果某一样本回答了q6，赋值为0，没回答赋值为1。

请读者注意，这种方法并不可取，在这里只要了解这种方法是什么即可。

original question 6. Table 3 presents results from procedure"b", although results using procedure"a" (not presented here) are nearly identical.

Once the dummy variables are created, they—along with the original variables from which the dummies are derived—are entered into a regression. When computing the regression coefficients, the researcher must specify what the software should do when it encounters missing data that are still present amid the original variables. Although one could select list-wise or pairwise deletion, either option could decrease statistical power for the regression. Instead, likely believing that the dummy-coded indicator (s) of missingness have already accounted for any bias associated with missing data, researchers often choose the mean-imputation option, thereby retaining all of the original data and its accompanying statistical power. Accordingly, the dummy-variable-adjusted regression for the current analysis also uses the mean-imputation option.

Maximum−Likelihood Single Dataset Imputation using EM Algorithm.

Our first "modern" approach to missing data uses an expectation-maximization algorithm. Preparation of the EM database requires significant attention to the original/source dataset. All categorical variables were dummy coded; missing data indicators were set consistently for all variables; a dummycoded indicator of students' institution was created; and several common and theoretically relevant interaction terms were created (e.g., race by gender, race by ACT score). These variables, and all of the student-level variables in the original dataset (323 variables in total), are included in the model from which the imputed dataset will be derived. With each additional variable added, the computational power/time required to compute an underlying variance-covariance matrix (a key process for maximum-likelihood and multiple imputation procedures) grows exponentially. Using a desktop computer with a quad-core processor effectively dedicated to our procedure, the EM imputation took nearly three days to complete.

......

We make inferences of statistical

EM 算法获得单一数据集的最大似然法

使用 EM 算法之前要对变量作细致的准备,分类变量要被编码成虚拟变量,要建立数据缺失的指示变量,表示学生所属机构的变量也要变成虚拟变量,一些相关的交互项要建立。这些变量合计有 323 个,均被纳入插补模型。这么多变量导致方差协方差矩阵的计算非常复杂,文章作者用了 3 天才运行完。

文章将显著度水平由 $p<0.05$ 设定为 $p<0.01$。

significance, however, based on the critical value p=0.01 instead of the conventional p=0.05.

Multiple Imputation.

In preparing to run the multiple imputation procedure, we again ensured that all variables in the dataset were properly specified as categorical, ordinal, or scale. The SPSS multiple imputation command uses the variable-type specification to determine whether each imputed variable will be drawn from a linear or logistic regression distribution modeled on the other variables included in the dataset. Although the assignment of an appropriate distribution for each variable in a multiple imputation model (e.g., logistic for dichotomous/categorical variables) has some statistical benefits and intuitive appeal, we could have skipped this step without much sacrifice. Instead, because multiple imputations based on the normal distribution are remarkably robust to violations of normality (Graham & Schafer, 1999; Schafer, 1997), the minor improvement to the accuracy of the imputed datasets may not be worth the additional computation time resulting from the complexity introduced by using variable-specific distribution

多重插补法

在多重插补之前，所有的变量要明确定义是定类的、定序的，还是定比的。因为SPSS多重插补命令要使用变量类型，以决定每个被插补变量与其他变量是依据一个线性回归还是一个Logistic回归来做分析。

这里，文章作者没有对变量的分布做检查和调整。本书作者建议读者们注意，在SPSS软件中，执行MCMC模式的多重插补时，假定数据符合多元正态分布，需要检查变量是否满足多元正态分布，必要时需要做调整。参见本书第3章的内容。

specifications.

After data preparation, we instructed the software to create a total of 10 different datasets by extracting one new dataset after every 200 iterations of the imputation model. By increasing the number of iterations between datasets (from the typical default of 5), we adopted settings more in line with Allison's (2002) multiple imputation examples, though his results suggest that such a change would have only marginal practical value. Moreover, although five datasets may be adequate for most analyses (Allison, 2002; Schafer & Olsen, 1998), Graham, Olchowski, and Gilreath (2007) recently called for a dramatic increase in the number of imputed datasets, suggesting that the number of imputed datasets should increase as the amount of missing data increases. Because some of the variables had a large amount of missing data, we doubled the number of imputed datasets, thereby presumably "cut[ting] the excess standard error in half" (Allison, 2002, p. 50).

Finally, when specifying our multiple imputation model we included only the 14 variables that were to be used in the subsequent analyses. Knowing exactly what subsequent analysis we would be running, we chose not to do

> 准备好变量之后，文章作者进行了 10 次插补。插补模型中没有对变量做转换或者增加交互项。插补后的分析模型只使用了 14 个变量。
>
> 关于插补模型和分析模型变量是否一致的讨论见本书第 3 章内容。

any variable transformations or include any potential interaction effects in our imputation models. Because the eventual analyses modeled on the imputed datasets would be relatively straightforward, so, too, could be the model that created the imputed datasets. However, the imputation model should be at least as complex as any subsequent analytic models (Allison, 2002; Graham; 2009; Rubin, 1987; Schafer, 1997; for new approaches, see Allison, 2002, p.53), meaning that researchers should "anticipate any interaction terms and include the relevant product terms in the imputation model" (Graham, 2009, p. 562).For this reason, Rubin (1996) makes a compelling argument that the onus falls on the original data collectors to develop an appropriate imputation model before releasing the data to outside users.

Table 3 Comparison of Regression Statistics using Four Missing-Data Methods

Comparing Results across Missing Data Methods

In this section, we present results of two sets of analyses for each of four methods for handing missing data. These

四种处理缺失方法的
结果比较
表 3 列举了变量
的回归系数和显著度。
为比较四种处理

analyses have been chosen to represent the methods typically employed in studies of college student experiences and outcomes.

Descriptive Statistics

When trying to argue that the analysis of a particular subsample would yield results approximating those from an analysis of an entire sample, researchers often compare the basic descriptive statistics of the whole versus the subsample. The descriptive statistics in this study (see Table 2) allow a similar comparison. A cursory comparison from left to right across Table 2 reveals few clear differences in either means or standard deviations. On the whole, differences due to changes in missing data technique appear small, perhaps even trivial. Of the 14 variables, only two (the number of Advanced Placement courses taken in high school and whether the student was in the top quartile of his or her high school class) appear to have potentially meaningful differences in means. Reassured by this apparent similarity across the various methods for handling missing data, many researchers would confidently employ listwise deletion.

Likely to be overlooked, however, are differences in the standard errors, for example, of students'composite ACT score. By removing cases that have any missing

缺失方法, 作者先比较**描述统计**的结果。

整体看四种方法的结果差异不大, 只有两个变量在四种方法估计出来的均值上有较大的区别。但是, 作者提醒读者应关注标准误, 列表删除法会有较大的标准误。

data, the full-case approach drastically cuts the sample size (thus increasing the standard error relative to any of the other methods) and fails to make complete use of any data from the dropped cases—even the student who answered all but one question. Each of the imputed datasets makes more complete use of the available data, yielding similar estimates for the mean ACT score but with substantially more precision (i.e., a 30% smaller standard error). Were substantive analysis to end with descriptive statistics, such sporadic differences in standard errors are subtle, perhaps even negligible.

But if analyses continue via multivariate modeling procedures (e.g., regression, structural equation modeling), the consequences of missing-data decisions more clearly become both statistically and practically important.

Regression

As is typical in studies of college student experiences, we next regressed student outcomes (in this case, CAAP-Critical Thinking score at the end of the first year) on gender/sex, race/ethnicity, three measures of precollege academic preparation, and eight variables reflecting various college-specific experiences. The results, presented in Table 3, highlight

接下来还要看**回归分析**之后的比较结果。

使用均值插补并组合虚拟变量调整方法,结论之一是白色人种的学生会比其他种族的学生有更高水平的批判性思维,使用列表删除、最大似然

the subtle manner in which missing data can affect statistical conclusions and researcher interpretations.

In particular, researchers using the analysis for hypothesis testing appear likely to draw different conclusions simply because of the choice of how to handle missing data. Those using mean imputation with dummycoded indicators of missingness would, for example, conclude that White/Caucasian students receive higher CAAP-Critical Thinking scores than similar students of another race/ethnicity (p-value=.037). Yet those using listwise deletion, EM, or multiple imputation approaches would not conclude that race/ethnicity has any direct relationship with students' critical thinking test scores (p-values of .326, .100, and .264, respectively).

The opposite phenomenon occurs with the APPLYING variable: the coefficient is statistically significant for all of the missing data methods except mean imputation with dummy-coded indicators of missingness. If using the conventional p=0.05 standard for statistical significance, researchers using the EM algorithm to impute a single dataset would conclude that students living on campus (p-value=0.011) or preparing two or more drafts of a paper (p-value=0.023)

法和多重插补法得到的结论却是种族和批判性思维没有显著的直接关系。在另外一个变量上，现象却相反：只有均值插补法获得的回归系数不显著，其他方法得到的回归系数均显著。

have lower critical thinking scores than their otherwisesimilar peers. Such a conclusion, however, is not supported by results from any of the other three missing-data methods, nor does it meet the $p=0.01$ critical value we suggest to account for the artificial reduction in standard errors that likely accompanies our use of a single EM-imputed dataset. In contrast, results from the analysis using the EM-imputed data indicate that students in the top quartile of their high school class receive higher CAAPCT scores than do their lower-rank peers—even when considered using the more conservative critical value of $p= 0.01$. But such an inference would not be made by researchers using any of the other three methods for handling missing data.

Careful readers of Table 3 might note a strong similarity between the results using listwise deletion and multiple imputation. In fact, hypothesis tests using either approach would yield the same conclusion regarding every one of the 13 independent variables. Although these results are inconvenient for our overarching argument, running counter to our earlier criticism of "traditional" procedures for handling missing data, they do serve to demonstrate an inevitable paradox that arises whenever data are missing: Although statisticians

细心的读者从表3会发现，列表删除和多重插补得到的结论比较相似。

这演示出一个必然的悖论：尽管统计学家借助理论和人工数据集能够证明哪种处理缺失值的方法是最好的，但是来自真实世界的数据集却使得人们无法判断究竟哪种

working with theoretical or artificial datasets may be able to determine which missing data approach is"best, "datasets derived from realworld data collection offer no way to determine which of the approaches will yield the"right"results or most closely re ect the"truth."

方法能够产生"正确"的结果或者说是更接近"真相"的结果。

Choosing a Method to Address Missing Data

Although our analyses demonstrate that the choice of a procedure for handling missing data matters, our results do not clearly identify any mechanism as the best. Rather, this study suggests that the choice of an appropriate method is context specific. The Parsing the First Year of College Project, from which original data for these analyses come, serves as an example of the manner in which project-specific context might drive researchers' decisions regarding the handling of missing data.

……

Key to our eventual decision between maximum likelihood and multiple imputation (with the "traditional" approaches having already been eliminated following our review of the literature) were the issues of stability and usability.

For the Parsing the First Year of College Project, we decided to use an EM

选择处理缺失值的方法

这篇文章的分析无法确定哪种方法是最好的，但是本书作者建议在特定的环境下选择合适的方法。

作者首先依据以往文献排除了列表删除和均值插补等传统方法。接下来就是在最大似然法和多重插补法之间作抉择。

对于文中这个调查项目，作者决定对大多数分析使用EM算法来处理缺失值，理由是：a.能够创建一个单一的公共数据集给所有的研究者，而不是5个或10个数据集；b.可以使用323个变量，而多重插补对

algorithm approach for most of our data analyses because it: (a)would create a single, common dataset for all researchers, as opposed to the five or 10 with multiple imputation; (b)makes use of all 323 student variables, whereas, with multiple imputation, computational complexity placed severe practical constraints on the size of the imputation model; (c)enables all types of sub sequent statistical analyses, in contrast to FIML; (d)does not require special software or extensive statistical expertise, as might be required for FIML or multiple imputation approaches; and (e)allows us to offer straightforward suggestions about the interpretation of statistical results.

Of course, others might well have chosen a different approach, and we make no claim that we have chosen the"best"approach. Rather, we acknowledge the limitation of our approach and claim only to have made an informed and reasonable choice. In fact, in a subsequent project led by two of this article's authors (Cox & Reason's Linking Institutional Policies to Student Success project, LIPSS）, for which we collected data in 2011–2012, we are following our own advice and have adopted multiple-imputation as the default approach for handling missing data.

插补模型的变量数有限制；c.相比较FIML法而言，在插补后的统计分析中，可以使用所有的现有统计分析方法；d.不需要特殊的软件或深入的统计专门知识；e.对统计推断的结果可以做直接的解释。

Conclusion

The problem of missing data is as persistent as it is complex. And while traditional methods (e.g., listwise deletion, pairwise deletion, mean imputation, and dummy-variable adjustments) have provided relatively simple solutions, they likely have also contributed to biased statistical estimates and misleading or false findings of statistical significance. More powerful methods that capitalize on recent statistical and computational advances now provide researchers with practical alternatives that address many of the shortcomings associated with the traditional approaches to analysis with missing data. As Allison (2002) concluded, "Some missing data methods are clearly better than others" and "maximum likelihood and multiple imputation [approaches to handling missing data] have statistical properties that are about as good as we can reasonably hope to achieve" (p. 2).

Thus, we encourage higher education researchers to consider adopting multiple imputation as a first-choice method for handling missing data.

Maximum likelihood approaches would be a reasonable second choice should multiple-imputation be unavailable or impractical for a specific project. More

> **结论**
>
> 　　文章建议教育学研究中,优先考虑使用多重插补法。当多重插补法不太适用的时候,最大似然法是第二选择。

traditional methods should generally be avoided unless researchers can make a compelling argument that their dataset satisfies the conditions outlined by Allison (2002) or Graham (2009). However, real-world datasets rarely meet these conditions, and researchers have few tools with which to evaluate the adequacy of listwise deletion for a particular analysis.

Regardless of a researcher's ultimate decision regarding missing data, we encourage scholars to actively address the issue in a manner that corrects as much as possible for known biases while also maximizing data usability and applicability to the broad aims of the overarching research project.

Though the resulting choices of procedures may vary, critical consideration and forthright discussion of missing data are likely to help both authors and readers make appropriate and defensible inferences.

References ···

在这篇文章结尾处，文章作者给出选择最大似然法的五个理由。本书则要进一步提醒读者：

对于理由 a，多重插补即使给出 30 个数据集，也不会单独使用其中任何一个，而是要使用综合汇聚的结果。

对于理由 b，多重插补中的插补模型用 15~25 个变量为宜，不宜太多。文章作者在使用 EM 法时，除了分析模型中的 14 个变量之外，还增加了代表是否缺失的虚拟变量，还有一些交互项，而这些派生出来的虚拟变量在多重插补模型中并不需要，交互项要视理论假设而定。

对于理由 c，FIML 法适用于结构方程模型等复杂的情况，但是在使用多重插补后，在 SAS、STATA、R 等软件中也支持常用的甚至复杂的统计分析方法。

对于理由 d，常用统计软件已包含比较简单易学的多重插补模块。

对于理由 e，多重插补后的统计分析，需要借助 Pool 规则来合并常见的统计量，例如回归系数、标准误、显著度等，以往的软件没有直接给出合并后的像 R^2 这样的指标，但是 R、STATA 的一些用户均有共享的计算这类指标的程序，参见本书第 5 章。这些指标可以满足大多数研究的需求。

4.3　经济学应用案例

　　刘凤芹 2009 年在《统计研究》发表的《基于链式方程的收入变量缺失值的多重插补》这篇文章方法具体、简单易读。这里选为例文，还考虑到在经济学调查，甚至其他社会科学领域中的调查中，收入是比较常用的变量，通常又是数据缺失值比例较高的变量，读者也有可能经常遇到这种情况。而且这篇文章使用了链式方程法，步骤很清晰、具体，并且对链式方程法与列表删除法、热平台多重插补法进行了比较，可以给读者一些有益的参考。

例文	解析
内容提要：在经济计量分析中收入变量的缺失值是一个普遍而又较难处理的问题。传统的处理方法往往导致分析结果具有系统偏差。本文提出利用基于链式方程的多重插补方法来处理收入变量的缺失值问题。文章将此方法应用到一个实际数据集中，然后通过分析插补后的数据集讨论了此方法的性质，并和其他多重插补方法进行了比较。结果表明：基于链式方程的多重插补能在一定程度上纠正推断结果的系统偏差，并且给出恰当的标准差估计。	摘要中指明文章的主要目的和方法，并且得出结论，即链式方程法做多重插补可以纠正偏差并给出恰当的标准差估计。 　　链式方程（即本书第 2 章提到的 FCS 策略下的多重插补方法）用于不符合多元正态分布的多变量任意缺失模式。

一、引言

在许多经济计量分析中，收入都是关键变量，但是收入数据非常容易缺失。比如：1997—2004年间的美国国家卫生调查（National Health Interview Survey）中收入变量的缺失率为20%~35%[1]。收入数据缺失值的处理一直比较棘手，这主要是因为收入数据的缺失机制往往是非随机缺失，诸多变量都会影响数据缺失的概率，其中有些变量甚至无法观测。

以往相关研究中，对于收入缺失值的处理可归纳为如下两类：①完全数据分析。即将有缺失值的研究记录删除，只使用没有任何缺失值的研究记录，这种方法是大多数经济计量软件默认的方法；②单一插补。比如：均值插补、条件均值插补以及热平台（hot deck）插补等。

完全数据分析在缺失机制为非完全随机缺失的情况下其推断结果可能存在系统偏差，估计效率也会因样本量的大大减少而降低。使用均值、条件均值对缺失值进行单一插补往往扭曲了收入变量的真实分布，改变了收入变量和其他变量之间的关系[2]。

收入变量在社会科学中是非常常用的一个变量，并且通常也是缺失比例较高的一个变量。

文章概要说明了以往处理收入变量数据缺失的传统方法——删除法和单一插补法的不足。

热平台单一插补是以往处理收入数据缺失值最常用的方法。一个典型的例子是美国普查局从 1962 年开始的利用热平台插补处理"当前人口调查"（Current Population Survey，以下简称 CPS）中收入数据的缺失值。CPS 调查中收入数据的缺失率介于 20% ~ 30%。Lee Lillard 和 James P. Smith（1986）对普查局的处理过程作了详细介绍和严格的评价，发现热平台插补严重低估了律师等多种职业的收入，同时也低估了相应家庭的平均收入。

从理论上讲，在众多方法中多重插补是最完善的方法[3]，但是在实践中正确地应用多重插补却并非易事，这是因为没有一个多重插补算法适用于全部缺失问题，在实践中需要对具体缺失问题提出合适的插补算法。

鉴于以往所用方法的种种缺陷，本文提出利用基于链式方程的多重插补（multiple imputation by chained equations）来处理收入变量的缺失值。文章首先阐述了如何在实际的计量分析中应用基于链式方程的多重插补方法，然后通过分析处理过的真实数据集讨论了此方法的性质。分析结果表明：基于链式方程的多重插补可以在一定程度上纠正完全数据分析的系统偏差，并且给出

这一段，作者点明了文章的目的，并给出文章的基本结论。

适当的标准差估计。随后文章将基于链式方程的多重插补和热平台多重插补进行了比较，发现热平台多重插补严重低估了收入变量的标准差，而基于链式方程的多重插补则给出了合理的估计值。文章的最后指出本文的处理过程适用于通常计量分析中绝大部分的收入变量和数据集。

二、数据集及其收入变量的缺失机制

本节首先简单介绍本文所用的数据集，然后讨论了本数据集中收入变量的缺失机制。

（一）数据集

本文所用的数据集来自"2004年城市家庭调查"。此项调查在全国抽取了7个城市，分别为重庆、兰州、武汉、南昌、太原、广州、沈阳。样本量为2 107户家庭，6 746个人。调查的主要内容包括收入、就业、社会保障等。家庭年收入是此项调查的核心变量之一，其含义是家庭所有成员在2003年全年得到的税前收入的总和。家庭年收入的观察值为1 849，缺失258户，缺失率为12%。家庭年收入变量是本文感兴趣的待插补变量。

除了家庭年收入变量外，本文所用数据集还包括相关的协变量。在协变量的选择上，遵循了Rubin, D. B.（1996）

所提出的原则：协变量中应该包含尽量多的与待插补变量相关的变量，特别是随后分析要用到的变量。在具体变量的选择上，参考了 David, M., R. J. A. Little, et al（1986）利用回归插补对美国 CPS 调查中收入数据缺失值进行插补所用变量。具体而言，本文所用数据集包括：家庭年收入、被访家庭居住城市、家庭劳动人口年龄、教育等基本特征、家庭成员健康状况、家庭经济水平类型、各类社会保障拥有情况、住房情况、工作者的行业分类等共计 47 个变量。在这 47 个变量中，除家庭年收入有 12% 的缺失率外，还有各类社会保障拥有情况等 10 个变量均有不同程度的缺失，但是其缺失率均在 3% 以下。其余 36 个变量没有缺失。

（二）家庭年收入的缺失机制

缺失数据机制描述了缺失数据与数据集中变量值之间的关系，不同学者对缺失数据机制有不同的划分。其中较为精确的是将缺失数据机制划分为六种类型，它们分别是：完全随机缺失、随机缺失、取决于协变量的缺失、非随机缺失、取决于随机影响的缺失和取决于前期数据的缺失。

文章作者在这里将分析模型中的变量和辅助变量均纳入插补模型。

作者用到的变量比较多，而且从变量含义上看，部分变量之间有显著的相关，所以应该检查变量之间是否具有多重共线性。

这一部分详细探讨了缺失机制，文章的基本思路是找到影响目标变量的因素。找到这些因素之后，文章给出的结论是"可以发现家庭年收入的缺失机制受包括其本身在内的诸多变量的影响，为非随机缺失"。

为了探讨本数据集中家庭年收入的缺失机制，下面将分析影响变量家庭年收入缺失的因素。

既然家庭年收入带有较多的缺失值，因此无法直接研究家庭年收入对其本身缺失率的影响，必须借助其他变量，被借助的变量一方面必须和家庭年收入高度相关，另一方面没有缺失或者缺失率很低。本数据集中的家庭经济状况自评变量符合上述条件。所以首先讨论家庭年收入缺失率和家庭经济状况自评变量之间的关系，希望能借此间接反映变量家庭年收入对其本身缺失率的影响。2004年城市家庭调查中家庭经济状况自评有5种结果：很富有、略富有、一般、困难和很困难。表1为具体的计算结果。由表1的结果可以看出：家庭年收入缺失率和家庭经济状况自评变量是相关的，呈U型关系。所谓U型关系是指"很富有"的家庭、"困难"以及"很困难"的家庭更倾向于拒绝回答或者谎报其真实收入，缺失率较高；而"一般"或者"略富有"的家庭其缺失率则相对低很多。具体结果为："很富有"家庭的缺失率为19%，"困难"的缺失率为17%，"很困难"家庭的缺失

读者对此结论需要注意，缺失机制不能从字面上看数据缺失是随机的还是非随机的，文章这段分析仅仅能够回答数据缺失与某些因素有关。根据本书2.1.3中对于数据缺失机制的定义，如果能够证明该因素与目标变量有显著的关系，**并且在控制了这些影响因素的条件下**，可以发现在各个组内缺失概率满足完全随机缺失的机制，就可以说，"**依据某某变量**，所研究的变量是随机缺失机制"。而多重插补，不管是MCMC法还是链式方程法均需数据满足随机缺失机制。

率为 22%。而"略富有"或者"一般"的家庭的缺失率仅为 6% 和 4%。此结论与 LeeLillard 和 James P .Smith（1986）利用 CPS 调查数据所得结论是一致的。

导致此 U 型关系的原因如下：高收入家庭由于害怕调查收入作为纳税的依据，或者不愿意露富等原因而拒绝回答具体的收入数字，从而导致高的缺失率。低收入群体具有较高缺失率是出于以下两种情况：一部分处于贫困线边缘的低收入群体害怕失去以家计调查为基础的社会救助金（比如：低保金），因此拒绝给出真实的收入数字，特别是当家庭有隐性收入时；另外，部分低收入群体由于长期与正规劳动部门脱轨，对于问卷中大量的关于工作、社会保障等问题没有兴趣，所以容易拒绝回答"收入"等需要仔细回忆的问题。

表1　家庭年收入确实率和家庭经济状况自评变量之间的关系

家庭经济状况	很富有	略富有	一般	困难	很困难
缺失率	19%	6%	4%	17%	22%

下面我们进一步来看家庭年收入的缺失率和家庭养老保险拥有人数之间的关系，具体结果见表 2。

表2 家庭年收入缺失率和家庭养老保险拥有人数之间的关系

不同家庭规模	家庭年收入缺失家庭的平均养老保险拥有人数	家庭年收入没有缺失家庭的平均养老保险拥有人数
2 人家庭	0.39	1.41
3 人家庭	0.45	1.06
4 人家庭	0.56	1.43

　　由表2可以看出，在所有家庭规模下，家庭年收入缺失家庭的平均养老保险拥有人数均显著低于没有缺失的家庭，存在系统偏差。这说明，如果在有关计量分析中简单地将家庭年收入缺失的家庭去掉，其推断结果必然存在系统偏差，比如：会高估养老保险拥有率。

　　通过上述分析，可以发现家庭年收入的缺失机制受包括其本身在内的诸多变量的影响，为非随机缺失。在此情况下，简单将缺失记录删除的做法很可能导致系统偏差。

三、基于链式方程的多重插补

　　本节首先阐明了基于链式方程的多重插补的原理，然后讨论了此原理在家庭年收入缺失值插补中的具体实现。

　　（一）基于链式方程的多重插补的原理

　　多重插补是处理缺失值时最常用的

方法之一。其基本思路是对每一个缺失值给出 m 个插补值，形成 m 个完整数据集；然后利用标准的计量分析方法分别分析这 m 个数据集，得到 m 个结果；最后将这 m 个结果按照一定的规则综合起来形成最终所要的结果。多重插补的关键是如何获得合适的插补值。根据获得插补值的不同方法形成了不同的多重插补算法。

基于链式方程的多重插补方法最初由 H. C. Boshuizen 和 D. L. Knook（1999）提出并应用于生存分析中。此方法与其他多重插补算法的本质区别是：此方法在进行插补时不必考虑被插补变量和协变量的联合分布，而是利用单个变量的条件分布逐一进行插补。此特点非常适用收入变量缺失值的插补，因为收入变量以及协变量的分布较为复杂，给出它们的联合分布几乎是一件不可能的事情。S. Van Buuren, J. P. L. Brand 和 C. G. M. Groothuis-Oudshoorn, et al（2006）的研究表明此方法在实际使用中有较好的表现。

链式方程是一个形象的称谓，实际上具体算法由一系列回归模型组成，这些回归模型刻画了被插补变量和协变量

文章作者在这里较为详细地介绍了链式方程多重插补方法的基本原理，可以作为本书第 2 章内容的补充。

这里需要注意的是，如果多个变量能够满足多元正态分布，那么 MCMC 法还是优选。毕竟 MCMC 法有非常坚实的理论基础。

的条件分布，条件分布可以是多种类型。具体而言，其算法如下：

记X 为无缺失变量集，Y1，Y2，…，Yk为k个带缺失值的变量。对Y1，Y2，…，Yk的插补过程一共需进行n轮循环，n一般取10~50的整数。在第一轮循环中，首先做Y1在X上的回归，并根据此回归对Y1的缺失值进行插补。插补时应该遵循多重插补的原理进行插补，即同时考虑模型参数的随机变异性和模型残差的随机变异性；然后做Y2在Y1 (包括插补的值) 和X上的回归，并根据此回归对Y2 的缺失值进行插补；如此进行下去，直到最后做Yk在Y1，…，Yk-1，X上的回归，并根据此回归对Yk的缺失值进行插补。第2到第n轮的插补将遵循第一轮的过程，不同的是此时每个回归包括除去本变量之外的其他全部变量，每一轮循环应该利用最新的插补值。n 轮循环全部结束后，取第n 轮的插补结果作为最终结果，形成一个完整数据集。为了得到m 个数据集，则需要将上面的n 轮循环独立进行m 次。

(二) 在家庭年收入缺失值插补中的具体实现

利用基于链式方程的多重插补方法处理家庭年收入缺失值时主要需要考虑三个

关键之处：(1)对每一个需要进行插补的变量给出合适的插补模型；(2)确定m, n的值；(3)利用适当的软件实现上述算法。

1.插补模型

首先讨论家庭年收入的插补模型，本文首先对家庭年收入做对数变换使其基本服从正态分布，然后使用正态线性回归模型作为对家庭年收入的插补模型。在进行插补前，应该在完全数据集（即删除带有缺失值的记录，只包括没有任何缺失值记录的数据集）上先试运行此模型，查看模型拟合的调整R^2。在建立插补模型时需要清楚的是：应该关注插补模型捕捉到被插补变量的真实分布特征的能力及其正确反映被插补变量与其他变量之间关系的能力。

其次对于协变量的插补模型，重要的是根据被插补变量的类型选择适当的回归模型。以变量"月工作时间总量"和"是否拥有第二套房子"为例来说明："工作时间总量"为计数型变量，所以其插补模型应该使用poisson回归；"是否拥有第二套房子"是二分变量，所以其插补模型应该使用logistic回归。

2.m, n值的确定

m的值表示在多重插补中，对每一个缺失值给出的插补值的数量。n的值

链式方程法的一大好处是可以根据插补模型中的不同变量类型，选择各自适宜的插补方法。这篇文章中，有经过转换服从正态分布的因变量，自变量当中有二分类变量，也有计数变量，所以使用了Logistic回归和poisson回归。

这里对于n的选择可以使用最大数，对于m的选择要根据模型的改善程度来调整。

表示在基于链式方程的多重插补方法中，为了得到恰当的插补值，算法需要的循环次数。对于m的确定，Schafer（1997）中有详细的讨论，一般认为缺失的信息越多，m应该越大，但是通常情况下m的值取5已经足够。对于n的值，Schafer（1997）、S. Van Buuren、J. P. L. Brand以及C. G. M. Groothuis-Oudshoorn, et al（2006）有所讨论，认为对于大型数据集n应该介于10~50。本文取m等于5，n等于50。

3.利用软件实现算法

有多个软件可以实现基于链式方程的多重插补，比如：STATA、R等。本文利用STATA的ICE模块来实现。此模块由Royston、P.（2004）给出。正确使用ICE模块的关键是在进行插补前查看默认的插补模型是否正确，根据作者使用此模块的经验，对于分类变量、定序变量等非连续变量，此模块默认的插补模型往往是错误的。

四、对插补后数据集的分析

本节通过对插补后数据集进行简单计量分析，讨论了基于链式方程多重插补的性质。

本书建议从5次开始，不断调整，可以增加到20次左右。这篇文章中，由于变量的缺失值比例都低于12%，也许插补5次就足够，可能由于篇幅限制，文章并没有展示插补更多次数的结果。

（一）多重插补数据的分析方法

本小节将简单介绍如何分析多重插补数据，关于这方面的详细介绍可以参考 Schafer（1997）。假定有 m 个插补后的完整数据集（本文 m 等于5），记 Q 为感兴趣的总体参数。对每个完整数据集应用标准的计量分析方法得到相应的 Q 的估计和估计标准差，分别记为：

Q_i, $i=1, 2, \cdots, m$; U_i, $i=1, 2, \cdots, m$。那么最终 Q 的估计为：

$$Q = m^{-1} \sum_{i=1}^{m} Q_i$$

此点估计的标准差为：

$$T_m = U_m + [(m+1)/m]B_m$$

其中 $U_m = m^{-1} \sum_{i=1}^{m} U_i$

$$B_m = (m-1)^{-1} \sum_{i=1}^{m} (Q_i - Q_m)^2$$

估计量 $\gamma_m = [(m+1)/m]B_m/T_m$ 描述了关于 Q 信息的缺失比率。

> 这里列举了 Rubin 的合并运算的法则。参见本书第 2 章相关内容。

（二）家庭人均收入水平与家庭享有养老保险人数之间的关系

首先将插补后的家庭年收入除以家庭规模得到家庭人均收入，然后按照人均收入与 2003 年当地城镇贫困线的比率将被调查家庭分为四个层次：低于贫困线；介于贫困线和 2 倍贫困线之间；介于 2 倍贫困线和 4 倍贫困线之间；4 倍贫困线以上。另外，由于家庭中养老

> 这里涉及了派生变量，读者应注意到，文章作者是先插补，插补之后再置备派生变量。

保险拥有人数和家庭规模有关，所以在不影响分析目的的情况下，笔者将家庭规模限定为 3 口人。表 3 给出了不同收入层次的家庭平均每户享有养老保险人数的点估计以及估计的标准差。笔者感兴趣的问题是：完全数据（即删除带有缺失值的记录，只包括没有任何缺失值记录的数据集）的分析结果与多重插补后数据的分析结果有什么异同，以及导致不同的原因。

对于缺失数据的处理，在比较不同方法的处理效果时，作者首先利用描述统计的结果看点估计和标准误的异同。

表3　家庭人均收入水平与家庭享有养老保险人数之间的关系

家庭人均收入与贫困线的比率	完全数据分析结果		利用基于链式方程的多重插补处理后的数据集的结果		缺失信息比率
	点估计	估计的标准误差	点估计	估计的标准误差	
<1	0.77	0.79	0.70	0.78	0.10
[1, 2)	1.25	0.89	1.23	0.88	0.02
[2, 4)	1.48	0.92	1.45	0.90	0.03
≥4	1.36	0.91	1.27	0.90	0.08

读者们需要注意在表 3 中，提到一个名词是"标准误差"，在表 3 下面的第二段文字中提到一个名词是"标准差"，这两个词有本质的区别，参见本书导言中有关两个专业术语的解释。在本书中，"标准误差"称为"标准误"。

由表 3 可以看出，两者的点估计有显著差别。对于所有收入水平，完全数据分析的点估计均高于插补后数据的点估计。表 2 可以帮助解释其中的原因，根据表 2 的结果，家庭年收入缺失家庭的平均养老保险拥有人数显著低于收入数据不缺失家庭的平均养老保险拥有人数，对于 3 口之家，其值分别为 0.45

和 1.06 。这表明：简单将含有缺失值的记录删除的完全数据分析导致了对家庭平均养老保险拥有人数的高估，而基于链式方程的多重插补则在一定程度上纠正了此偏差。此外，两种分析所显示的家庭人均收入水平和家庭享有养老保险人数之间的关系是一致的，即当比率小于 4 时，两者呈正相关关系。但是对于比率大于等于 4 的家庭其每户平均享有养老保险人数不及比率为 2 ～ 4 的家庭高。

对于点估计的标准差，完全数据分析的结果均大于插补后数据的结果。这说明插补提高了点估计的精度。这是因为多重插补在插补时利用了额外的信息，其结果当然会更加精确，但是需要注意此结论成立的前提假定是两个数据集的分析结果都是无偏的。

表 3 同时还给出了缺失信息率估计，其估计值为 0.02 ～ 0.10。缺失信息率的大小和缺失率的大小、被估计的量等因素相关。结合表 1 和表 3 可知，对于低收入家庭和高收入家庭其缺失率和缺失信息率均高于中等收入家庭。

（三）家庭人均收入水平与健康之间关系的 Logistic 回归分析

本小节通过分析一个关于健康影响因素的 Logistic 回归来讨论基于链式方程多重插补的一些性质。家庭人均收入水平的定义同 4.2 节。健康为一个二分

在这篇文章的这一段描述中，应该使用"标准误"这个词，它代表点估计的精度，而标准差泛指任何一组数据的离散程度。

做完了描述统计的对比，接着，这篇文章观察了回归分析的结果。在回归分析中，健康作为因变量。表

变量，0 表示健康，1 表示不健康，其他的协变量以及具体模型结果见表4。表4呈现了如下三个有意思的结果。

　　首先，基于插补后数据集得到的家庭人均收入水平变量的各个层次的系数均比基于完全数据集所得的结果大。其主要原因是健康状况糟糕的被访者通常更不愿意回答问题，而这部分人属于低收入群体的可能性比起属于高收入群体的可能性更大一些。因此使得即使限定在低收入这个群体内部，其缺失机制仍然受健康状况的影响，不健康者更不愿意或者没有能力认真填写问卷。这使得仅仅利用完全数据会低估低收入群体的不健康发生的频率，此偏差 Logistic 回归中就表现在参数估计值比真实值偏小。而利用插补后数据得到的结果比完全数据分析的结果偏大，说明基于链式方程的多重插补在一定程度上纠正了此系统偏差。表5的数据分析结果也验证了上述偏差的存在。如表5所示，在支出超过收入很多的群体中，家庭年收入缺失的被访者其不健康的发生率为 0.47，高出收入数据不缺失被访者近 10 个百分点。

　　其次，表4显示除了家庭人均收入水平，其他的变量的缺失信息率均接近 0。这说明家庭年收入的较高缺失率并

4 中的参数估计是指 Logistic 回归中的回归系数。

　　作者利用回归分析观察的对象是参数估计值的大小和标准误的大小。除此之外，还列举了缺失信息比例的情况。

没有影响其他变量系数的信息缺失。

表 4　家庭人均收入水平与健康之间关系的 Logistie 回归分析

变量	完全数据的分析结果		利用基于链式方程的多重插补处理后的数据集的结果		缺失信息比率
	参数估计	估计的标准差	参数估计	估计的标准差	
常数	−1.02	0.080	−0.98	0.065	0.100
家庭人均收入与贫困线的比率					
＜1	2.32	0.064	2.91	0.060	0.171
［1，2）	1.55	0.057	2.04	0.051	0.060
［2，4）	0.91	0.053	0.92	0.049	0.055
≥4（参照类）					
＜35	−2.78	0.072	−2.81	0.065	0.001
36~45	−2.10	0.076	−2.08	0.068	0.003
46~55	−1.33	0.057	−1.67	0.057	0.010
56~65	−0.65	0.072	−0.76	0.069	0.009
＞65（参照类）	−0.09	0.081	−0.23	0.079	

最后，表 4 显示对于大部分变量，多重插补数据的估计标准差要小于完全数据分析的估计标准差。这主要是因为多重插补数据样本量大于插补前的数据，从而提高了估计精度。但并不是所有情况下，多重插补后标准差的估计值都小于完全数据分析的估计值。这是因为插补前后数据的估计标准差受多方面因素的影响。插补前数据的估计标准差受到缺失率、缺失机制、待估计参数、变量真实变异性等因素的影响，而其中

读者需注意：①除了文章作者比较的这几个指标之外，多重插补的相对效率、相对增加的方差也需要考虑进来。

②从文章开篇介绍的调查情况来看，7 个城市的调查至少是多阶段抽样，是否分层不可知。多阶段抽样属于复杂抽样设计，在进行回归分析时，应该使用复杂抽样设计下的回归分析方法，否则得到的参数估计及其标准误都有可能不准确。

的缺失机制、变量真实变异性等因素都无法准确确定。插补后数据的估计标准差主要来源于变量变异性和缺失数据本身的不确定性。

五、多重插补的比较

之所以选择热平台多重插补作比较主要基于如下两点原因：首先，热平台插补是一种非参数方法，不需要设定任何模型。这一点与基于链式方程的多重插补具有本质的不同；其次，热平台插补是一种常用的方法。特别是处理收入变量的缺失值，实际统计调查部门和学术研究都曾多次用到此方法[3]。

为了能够有客观的比较标准，此处只利用家庭年收入没有缺失的数据。缺失数据由模拟产生，其缺失机制依据现实的家庭年收入数据的缺失机制产生。具体为：如果家庭人均收入与当地贫困线的比率小于等于1，则缺失概率为60%；如果比率大于1并小于等于2，则缺失概率为40%；如果比率大于2并小于等于4，则缺失概率为20%；如果比率大于4，则缺失概率为40%；总的缺失率在35%左右。同时为了确保结果呈现的两种方法之间的差别为本质的、系统差别，并非是随机误差造成的，笔者依据上述缺失机制产生

1 000个待处理的数据集，分别利用这两种方法进行处理，然后对处理过的数据集进行分析。这样每一个感兴趣的参数估计将得到两组结果，每组分别含1 000个结果。表5和表6的数值是这1 000个结果的平均值。

表5　不同方法处理数据的均值与标准差

真实数据的结果		利用基于链式方程的多重插补处理后的数据集的结果		利用热平台多重插补处理后的数据集的结果	
均值	标准差	均值	标准差	均值	标准差
21 097	24 987	22 100	25 904	24 017	18 109

表6　家庭人均收入水平与家庭中享有养老保险人数的关系

家庭人均收入与贫困线的比率	真实数据的结果		利用基于链式方程的多重插补处理后的数据集的结果		利用热平台多重插补处理后的数据集的结果	
	点估计	估计的标准差	点估计	估计的标准差	点估计	估计的标准差
<1	0.77	0.79	0.74	0.98	0.72	0.90
[1, 2)	1.25	0.89	1.14	1.04	0.90	1.10
[2, 4)	1.48	0.92	1.33	1.32	1.12	1.27
≥4	1.36	0.91	1.24	1.11	1.21	1.20

（一）热平台插补

热平台插补是一种非参数方法，其基本思想是：如果第 i 条记录的变量 x_j 缺失，那么其插补值是从相匹配记录 x_j 的观察值中随机抽取的。如何为缺失值寻找相匹配的记录是热平台插补的关键，依据不同具体数据集而设计。热平台插补的优点是不需要给出有关被插补变量及协变量的任何分布，结果比较稳健。其缺点是当很多记录都存在缺失值时，此方法的结果不够理想。

虽然家庭年收入的插补是笔者真正感兴趣的，但是本文所用数据中还有其他 10 个相关变量有不同程度的缺失（详见本文 2.1 节）。为了更好地利用热平台方法，笔者首先对这 10 个非收入数据的缺失值进行了热平台插补，然后再对家庭年收入进行热平台插补。由于篇幅所限，此处只对家庭年收入的热平台插补过程作详细介绍。

对于家庭年收入的每一个缺失值，本文分别设定由细到简三个水平的匹配原则。第一水平的匹配原则由以下协变量构成：居住城市（7 类）、家庭劳动人口平均年龄类型（3 类）、家庭劳动人口最高教育（3 类）、住房类型（5 类）、住房的价值（5 类）、人均住房面积（3 类）、日常消费类型（6 类）、工作者的行业分类（7 类）、月工作总时间（4 类）以及收入（4 类）。第二水平的匹配原则由以下协变量构成：居住城市（7

热平台插补在多数文献中是指单一插补法。文章作者在这里用了"热平台多重插补"方法。这种插补方法是在多重插补的过程中，先使用热平台法，即找到相似的供者来提供插补数值，而这里找供者与本书在第 1 章介绍的热平台单一插补方法不同，是使用了 Rubin 提供的近似贝叶斯自助法（approximate Bayesian bootstrap）（Rubin, 1987; Rubin & Schenker,1991）。

类）、家庭劳动人口平均年龄类型（3类）、家庭劳动人口最高教育（2类）、日常消费类型（2类）、工作者的行业分类（3类）、月工作总时间（2类）以及收入（2类）。第三水平的匹配原则由以下协变量构成：居住城市（7类）、家庭劳动人口平均年龄类型（2类）、家庭劳动人口最高教育（2类）、日常消费类型（2类）。家庭年收入缺失值的插补值将首先按照第一水平匹配原则来寻找，如果没有找到相匹配的记录则进入第二水平，如果仍然没有找到则进入第三水平。本文利用 STATA 软件的 hotdeck 模块实现热平台插补。

（二）比较结果

表5给出了真实的家庭年收入、基于链式方程多重插补处理后的家庭年收入、热平台多重插补处理后的家庭年收入的均值、标准差。通过三者比较可以发现以下有意思的结果：首先，热平台多重插补严重低估了标准差。这主要是因为低收入家庭和高收入家庭的缺失率均高于中等收入家庭，从而使得部分低收入家庭和高收入家庭的热平台插补值来自中等收入家庭，这导致了家庭年收入的分布向中等家庭年收入集中，故呈

反复执行多次获得多个插补数据集，然后再对插补后的数据分析结果做合并运算。

热平台多重插补[1]是非参数方法。参数方法和非参数方法的优缺点是相对的，参数方法是能够得到较低的标准误，但是若前提条件未能完美满足，可能得到估计偏差，非参数的方法正好相反。

通过比较，文章得出结论：链式方程法得到的点估计和标准差更精确。

现出标准差偏低的系统偏差。实际上，经由合适的多重插补算法处理过的变量的标准差的估计值应该略大于其真实值，因为多重插补考虑了缺失值本身的不确定性。其次，两种插补方法估计的均值均高于真实的均值，但是热平台插补的偏差更大一些。基于链式方程多重插补的偏差为 1 003 元，而热平台插补的偏差为 2 920 元。

表6给出了家庭人均收入水平与家庭养老保险拥有人数的关系，结果一共为三组，分别为利用真实数据得到的结果；利用基于链式方程的多重插补处理后的数据集的结果；利用热平台多重插补处理后的数据集的结果。

表6显示出了以下两点有意思的结果：首先，对于家庭人均收入与贫困线的比率<1和≥4的情形，两种方法均给出非常近似的估计。但是对于比率处于 [1，2）和 [2，4）的情形，热平台插补的估计明显偏低，这可能是因为热平

读者需注意：①这一段提到的标准差一词是准确的，就是指变量的离散程度。

②作为比较的基准线——真实的家庭收入，是利用没有缺失的案例来计算的，如文章作者在"五、多重插补的比较"开篇所述。

---

[1] 在STATA14中，基本命令格式如下：
hotdeck insure male, command(mlogit insure male)parms(Prepaid:male)impute(5)
读者可以先安装该模块，ssc install hotdeck, replace；再运行 help hotdeck.

台插补在插补过程中将部分比率 <1 的家庭赋予略高的年收入，从而将其错误地划为比率为 [1，2）的一组，导致了这一组家庭拥有养老保险人数估计的偏低。至于比率处于 [2，4）组的偏低结果，也出于类似的原因。其次，两种方法给出了很接近的估计标准差，均大于真实数据的标准差，这是因为多重插补方法考虑了缺失数据本身的不确定性。

③由于只能比较"家庭收入没有缺失的那一组人"，在这一组人中做出的结论不一定适用于"家庭收入有缺失的那一组人"。

六、结论

对比完全数据的分析结果和基于链式方程多重插补处理后数据集的分析结果可以发现：基于链式方程的多重插补可以在一定程度上纠正估计结果的系统偏差，并且给出适当的标准差估计。与热平台多重插补的比较结果表明：基于链式方程的多重插补能够克服热平台多重插补低估标准差的缺陷。此外，与其他多重插补方法不同，基于链式方程的多重插补不需要给出被插补变量及其协变量的联合分布，只需要给出单个变量的条件分布。这一特点非常适合数据类型、结构都较为复杂的大型调查。

实际上，基于链式方程的多重插补适用于通常计量分析中绝大部分的收入变量和数据集。除了本文所举的家庭

④文章比较了链式方程和列表删除法、热平台多重插补法的优势。这种优势比较明显。

目前争论较多的，处于不相上下状态的是：链式方程法、MCMC 法和最大似然法中的 FIML 法，这是读者们以后要重点关注的方法。

年收入的例子，基于链式方程的多重插补还可以处理像工资收入、农民工打工收入等其他类型的收入变量，其协变量根据具体的数据集和将要做的计量分析而确定。

4.4 管理学应用案例

这里选择了 Jörg Drechsler（2011）发表于 AStA-*Advances in Statistical Analysis.* 的论文 Multiple imputation in practice—a case study using a complex German establishment survey。

选择这篇文章主要有以下考虑：这是对企业调查数据进行插补的一个实例，并且这篇文章对于定类变量、偏态分布的连续变量，包括跳转模式或逻辑限制的变量的多重插补可以作为本书内容的必要补充。这篇文章使用的 FCS 策略下的链式方程法也是读者们将来会有较多机会采用的方法。除此之外，这篇文章中用到的评估插补模型质量的方法也非常有借鉴意义。

例文

Abstract Multiple imputation is widely accepted as the method of choice to address item nonresponse in surveys. Nowadays most statistical software packages

解析

摘要指出多重插补在执行的过程中经常会遇到一些挑战，例如,对于定类变量、

include features to multiply impute missing values in a dataset. Nevertheless, the application to real data imposes many implementation problems. To define useful imputation models for a dataset that consists of categorical and possibly skewed continuous variables, contains skip patterns and all sorts of logical constraints is a challenging task. Besides, in most applications little attention is paid to the evaluation of the underlying assumptions behind the imputation models.

In this paper, we present a case study from a complex imputation project at the German Institute for Employment Research（IAB）: the imputation of missing values in one wave of the IAB Establishment Panel. We discuss possible ways to handle the problems mentioned above and provide an overview which of these problems can be tackled by which imputation software. The detailed review of our imputation project that also includes a discussion on how we monitored the quality of the imputation models will be a useful guide for other agencies willing to implement the approach for their own surveys.

Key words Multiple imputation, Fully conditional specification, Model evaluation, Imputation software, IAB,

偏态分布的连续变量，包括跳转模式或逻辑限制的变量的多重插补。另外，对于多重插补模型的潜在假定条件的评估也较少得到关注。在这篇文章中，作者以德国就业研究所（IAB）的企业追踪调查为例，讨论上述这些情况下的多重插补，并且评估插补模型的质量。

IAB不仅有企业调查，还有个人层次的调查，数据可以申请，对该调查感兴趣的读者可以浏览这个网页：
http://fdz.iab.de/en.aspx

Establishment Panel

1 Introduction

For many datasets, especially for non-mandatory surveys, missing data are a common problem. Deleting units that are not fully observed, using only the remaining units is a popular, easy to implement approach in this case. However, using only fully observed observations will generally lead to reduced efficiency for the estimates. But even more problematic, this approach can possibly lead to severe bias if the strong assumption of a missing pattern that is completely at random （MCAR, Rubin 1987） is not fulfilled. Imputing missing values can help to handle this problem. However, imputing missing values only once （single imputation） generally does not account for the fact that the imputed values are only estimates for the true values. After the imputation process, they are often treated like originally observed values leading to an underestimation of the variance in the data and by this to p values that are too significant.

Multiple imputation, introduced by Rubin （1978） and discussed in detail in Rubin （1987, 2004）, is an approach that retains the advantages of imputation while allowing the uncertainty due to imputation

1 引言

这部分主要介绍了多重插补的概念、方法概要，与删除法、单一插补法相比所具有的优势。

to be directly assessed. With multiple imputation, the missing values in a dataset are replaced by $m>1$ simulated versions, generated according to a probability distribution for the true values given the observed data.

More precisely, let Yobs be the observed and Ymis the missing part of a dataset Y, with $Y=(Y$mis$,Y$obs$)$, then missing values are drawn from the Bayesian posterior predictive distribution of $(Y$mis$|Y$obs$)$, or an approximation thereof. Typically, m is small, such as $m=5$. Each of the imputed (and thus completed) datasets is first analyzed by standard methods designed for complete data; the results of the m analyses are then combined to produce estimates, confidence intervals, and test statistics that reflect the missing-data uncertainty properly. For the reader unfamiliar with the concept of multiple imputation a gentle introduction can be found in Rässler et al. (2007).

But even though the general concept of multiple imputation is easy to implement and software packages that will automatically generate multiply imputed datasets from the original data exist for most standard statistical software, application to real datasets often imposes additional challenges

然后，文章指出尽管一般意义上的多重插补容易执行，统计软件也可自动提供多重插补的结果，但是对于真实数据经常会遇到一些难题。例如，对于那些包括跳转模式和逻辑限制的数据进行多重插补，依据被插补变量的不同类型需要选择不同的插补模型，为了避免多重共线性要排除一些变量，等等。

that need to be considered and often can not be handled with off-the-shelf imputation programs. Maintaining all skip patterns and logical constraints in the data is difficult and cumbersome. Besides, depending on the variable to be imputed, it might be necessary to define different imputation models for different subsets of the data to increase the quality of the model and to exclude some variables from the imputation model to avoid multicollinearity problems.

Furthermore, the quality of the imputations needs to be monitored even if the implicit assumption of a missingness pattern that is missing at random（MAR） cannot be tested with the observed data. This does not mean, the imputer cannot test the quality of his or her imputations at all. Abayomi et al.（2008） suggest several ways of evaluating model based imputation procedures.

In this paper we discuss some adjustments for the standard multiple imputation routines to handle the real data problems mentioned above and provide an overview which of these features are implemented in which imputation software. We then illustrate a successful implementation of multiple imputation for complex surveys by describing the

不仅如此，用观测数据很难检验插补质量，但是并不意味着没有评估插补模型质量的方法。

而这篇文章的目标就是为解决上述难题提供实例。

在文章的第二节，作者介绍了两种主要的多重插补方法——联合模型法和链式方程法的优缺点。在第三节将对标准的多重插补方法提供一些调整来解决真实数据所面临的插补难题。文章也指

multiple imputation project for a German establishment survey, the IAB Establishment Panel.

The remainder of the paper is organized as follows: In Sect. 2 we briefly introduce the two main approaches for multiple imputation, joint modeling and sequential regression, and discuss their advantages and disadvantages. In Sect. 3 we present some adjustments for standard multiple imputation routines to handle problems that often arise with real data and provide a table that indicates which of these adjustments is included in which software. We do not claim that the ideas presented in this section are new. They have been suggested in several other papers. The main aim of this section is to give an overview of potential problems that are likely to arise in real data applications and to provide a summary of possible solutions in one paper to free the potential multiple imputation user from the burden of a complete literature review in hopes of finding a solution to his specific problem. In Sect. 4 we describe results from the multiple imputation project at the German Institute for Employment Research（IAB）that heavily relies on the methods described in Sect. 3: the multiple imputation of missing values in the German

出这一节的内容主要是对以往研究的归纳和提炼。在第四节，将以德国就业研究所的企业追踪调查数据为例，来演示和讨论第三节中提到的那些方法。

IAB Establishment Panel. In this section we also discuss the methods we used to evaluate the quality of the imputations. The paper concludes with some final remarks.

2 Two approaches to generate imputations for missing values

Over the years, two different methods emerged to generate draws from P ($Ymis|Yobs$): joint modeling and fully conditional specification (FCS), often also referred to as sequential regression multivariate imputation (SRMI) or chained equations. The first assumes that the data follow a specific multivariate distribution, e.g. a multivariate normal distribution. Under this assumption a parametric multivariate density P ($Y|\theta$) can be specified with θ representing parameters from the assumed underlying distribution.

Within the Bayesian framework, this distribution can be used to generate draws from ($Ymis|Yobs$). Methods to create multivariate imputations using this approach have been described in detail by Schafer (1997), e.g., for the multivariate normal, the log-linear, and the general location model.

FCS (Van Buuren and Oudshoorn 2000; Raghunathan et al. 2001) on the

2 两种多重插补方法

这两种插补方法是联合模型法和完全条件定义法（FCS法），或者称为逐步回归多变量插补法或链式方程法。

联合模型法假定数据服从多元分布，例如多元正态分布。

FCS法不依赖于联合分布的假定。相反，对于每个变量假定符合一定的条件分布，因此，插补可以以单变量分布为基础，对不同变量类型采用不同的方法。

other hand does not depend on an explicit assumption for the joint distribution of the dataset. Instead, conditional distributions $P(Yj \mid Y_{-j}, \theta j)$ are specified for each variable separately. Thus imputations are based on univariate distributions allowing for different models for each variable. Missing values in Yj can be imputed for example by a linear or a logistic regression of Yj on Y_{-j}, depending on the scales of measurement of Yj, where Y_{-j} denotes all columns of Y excluding Yj. The process of iteratively drawing from the conditional distributions can be viewed as a Gibbs sampler that will converge to draws from the theoretical joint distribution of the data, if this joint distribution exists. There is no theoretical proof for the existence of this joint distribution except for very simple settings. Nevertheless, results in the vast list of applied papers provided in van Buuren and Groothuis-Oudshoorn (2010) indicate that this does not seem to be a problem in practice. Detailed descriptions of the approach can be found in Raghunathan et al. (2001) although the earliest applications of this approach probably date back to Kennickell (1991). An application to a complex German household survey can be found in Schunk (2008).

这里列举的文献都是了解 FCS 方法的经典文献，建议读者阅读。

文章作者提出了使用FCS法的三个理由：
（1）经验数据很少能够符合标准的多元分布，尤其是同时包含连续变量和分类变量的时候。
（2）FCS法还提供比较灵活的工具来解决插补后出现值域以

In general empirical data will seldom follow a standard multivariate distribution, especially if it consists of a mix of numerical and categorical variables. Furthermore, FCS provides a flexible tool to account for bounds, interactions, skip patterns or constraints between different variables. It will be very difficult to handle these restrictions that are very common in survey data by joint modeling. In practice the imputation task is often centralized at the methodological department of the statistical agency and imputation experts will fill in missing values for all the surveys conducted by the agency. Imputed datasets that do not fulfill simple restrictions like non-negativity or other logical constraints will never be accepted by subject matter analysts from other departments. Thus, preserving these constraints is a central element of the imputation task. For this reason most applications of multiple imputation are based on FCS.

Overall, joint modeling will be preferable, if only a limited number of variables need to be imputed, no restrictions have to be maintained, and the joint distribution can be approximated reasonably well with a standard multivariate distribution. For more complex imputation

外数值的情况、处理交互项、跳转模式或逻辑限制的情况，而联合分布很难处理这些情况。

（3）从数据库建立者和研究者的需求角度，研究者不希望使用带有不符合逻辑数值的变量，数据库建立者为了避免出现非逻辑值，通常会使用FCS法。

作者也指出了联合模型法的优势，即要插补的变量较少，不用包括数值限制，又能满足多元分布时，联合模型法较好。

tasks only fully conditional specification will enable the imputer to preserve constraints inherent in the data. In this case, convergence of the Gibbs sampler should be carefully monitored. A simple way to monitor problems with the iterative imputation procedure implemented in the multiple imputation feature ice in STATA is to store the mean of every imputed variable for every iteration of the Gibbs sampler. A plot of the imputed means over the iterations can indicate if there is only the expected random variation between the iterations or if there is a trend between the iterations indicating problems with the model. Of course no observable trend over the iterations does not guarantee convergence since the monitored estimates can stay stable for hundreds of iterations before drifting off to infinity. Nevertheless, this is a straightforward method to identify flawed imputation models.

If different imputation chains are run to generate the m imputations, convergence can be monitored by calculating the variance of a given estimate of interest ψ （Su et al. 2009） use the mean and the standard deviation of each variable within and between different imputation chains ...

作者接着指出，在多重插补过程中，插补均值在各次迭代之间的变化可以反映出各次迭代之间是能够产生出期望的随机方差，还是产生出系统性的变化趋势。后者则意味着插补有问题。

3　Real data problems and possible ways to handle them

The basic concept of multiple imputation is straightforward to apply and multiple imputation tools available for most statistical software packages further reduce themodeling burden for the imputer. For example the fully conditional approach is implemented in IVEware for SAS （Raghunathan et al. 2002）, in the packages mice （van Buuren and Groothuis-Oudshoorn 2010） and mi （Su et al. 2009） for *R*, and in a set of ado-files called ice for STATA（Royston 2005, 2007, 2009）. The latest version of the Missing Values add-on （MVA） module for SPSS 17.0 also includes a multiple imputation feature based on this approach. Joint modeling is implemented in the stand alone packages NORM, CAT, MIX, and PAN （Schafer 1997）, the *R* package AMELIA II （Honaker et al. 2010）, and INORM （Galati and Carlin 2009） and the new multiple imputation system also called mi （STATA Corp 2009） in STATA.

However, simply applying standard imputation procedures to real data can lead to biased or inconsistent imputations. Several additional aspects have to be considered in practice, when imputing real data. Unfortunately at present most of the

3　真实数据遇到的插补难题和解决办法

以下这些软件可以执行FCS法的多重插补：SAS软件的IVEware模块，R软件的MICE和MI模块，STATA的ICE模块，SPSS17.0的MVA模块。有些独立的软件包可以执行联合模型法，有NORM、CAT、MIX、PAN、AMELIA II、INORM和STATA中的MI。

但是有些特殊情况不是每一个软件都能执行的，表1列举了软件能够处理的复杂情况。

standard software can only handle some of these aspects that will be discussed below. Table 1 at the end of this section provides an overview of all the available features for each software package.

3.1 Imputation of semi-continuous variables

A problem with modeling continuous variables that often arises in surveys, is the fact that many of these variables in fact are semi-continuous, i.e. they have a spike at one point of the distribution, but the remaining distribution can be seen as a continuous variable. For most variables, this spike will occur at zero. To give an example, in our dataset the establishments are asked how many of their employees obtained a college degree. Most of the small establishments do not require such high skilled workers. In this case, we suggest to adopt the two step imputation approach proposed by Raghunathan et al. （2001）: In the first step we impute whether the missing value is zero or not. For that, missing values are imputed using a logit model with outcome 1 for all units with a positive value for that variable. In the second step a standard linear model is applied only to the units with observed positive values to predict the actual value for the units with a

3.1 半连续变量的插补

半连续变量通常在某个点上有聚集（很多变量在0上聚集），在其他点上是连续型的分布。

文章给出了一个半连续变量的例子，在企业调查中，询问有多少员工具有大学学历，多数小企业不需要高级熟练工人。在这种情况下，建议采用两个插补步骤：第一步，需要用logit模型确定缺失值是被插补为0还是1，其中，1表示这个变量中除了0之外的其他正数值。第二步，用线性回归来插补这些非0正值的具体数值。

predicted positive outcome in step one. All values for units with outcome zero in step one are set to zero.

3.2　Bracketed imputation

Often imputed values are required to fall into certain bounds. These bounds might be defined by the outcome of another variable, e.g. when the survey respondent refused to report his or her exact income, but reported that the income lay between 80,000 and 90,000 Euros. But imputation bounds might also be necessary, because the outcome space for a variable is limited. For example, many survey variables can never be negative in reality. This has to be considered during the imputation process.

A simple way to achieve this goal is to redraw from the imputation model for those units with imputed values that are outside the defined bounds until all values fulfill the constraints. In practice, usually an upper bound z has to be defined for the number of redraws for one unit, since it is possible that the probability to draw a value inside the bounds for this unit from the defined model is very low. The value for this unit is set to the closest boundary, if z draws from the model never produced a plausible value. However, there is a caveat with this approach. Redrawing from the model for

3.2　区间变量的插补

这类变量的取值有确定的界限,例如,受访者拒绝回答他的确切的收入值,但是回答收入的取值范围是 8 万到 9 万欧元。插补的时候如果不加限制,就有可能得到界限以外的数值。

一个简单的解决办法是对于产生界限之外数值的案例重新抽取插补值,直到符合界限要求。在实践中,通常要给一个单元的再抽取数量规定一个上限 z,如果 z 次的抽取都没有产生合理的值,那么缺失单元会被设定为最接近边界的值。这种方法是有附加条件的,即再次抽取是要等同于从截

implausible values is equivalent to drawing from a truncated distribution.

If the truncation points are not at the very far end of the distribution, i.e. the model is misspecified, even simple descriptive analyses like the mean of the imputed variable will significantly differ from the true value of the complete data. For this reason, this approach should only be applied, if the probability to draw implausible values from the specified model is very low and we only want to prevent that some very unlikely unrealistic values are imputed. If the fraction of units that would have to be corrected with this approach is too high, the model needs to be revised. Usually it is helpful to define different models for different subgroups of the data. For example, to overcome the problem of generating too many negative values, a separate model for the units with small values should be defined.

3.3 Imputation under linear constraints

In many surveys the outcome of one variable by definition has to be equal to or above the outcome of another variable. For example, the total number of employees always has to be at least as high as the

断分布中抽取。

如果截断点不是在分布的远端，那么简单的描述分析，例如均值的估计值都有可能和完整数据的真实值有显著差异。**因此，这种方法只能在抽取到非合理值的概率非常低的时候用。**如果要矫正的案例数较多，那么一个常用的办法是把案例分成不同的组，每组用不同的插补模型。

3.3 线性约束下的插补

有些变量等于或高于另外一个变量的取值，例如，员工总数会高于兼职工作的

number of part-time employees.When imputing missing values in this situation, Schenker et al. （2006） suggest the following approach: Variables that define a subgroup of another variable are always expressed as a proportion, i.e. continuing the example above, the new variable would be the number of part-time employees divided by the total number of employees. This variable will be bounded between zero and one. A logit transformation of the variable guarantees that the variable will have values in the full range $[-\infty, \infty]$ again. Missing values for this transformed variable can be imputed with a standard imputation approach based on linear regressions. After the imputation all values are transformed back to get proportions again and finally all values are multiplied with the totals to get back the absolute values. The logit transformation can be problematic if the smaller variable （the number of part-time employees in our example） is either zero or （almost） equal to the larger variable （the total number of employees）. In the former case the transformation is not

员工数。对这种情况的处理方法是，把那些是另外一个变量子总体的变量用一个比例来表达，即计算一个新变量来代表兼职员工占总员工数的比例。变量的界限是0和1，接着用logit转换，使得界限变为 $[-\infty, \infty]$。然后对这个转换过的变量用线性回归做插补。插补后再把数值转换回去。当兼职员工比例低得接近于0或者高得接近于1时，logit转换也会有问题。如果比例接近于0，建议按照3.1的方法分成两步：第一步先把0识别出来；第二步再插补非0正数值。如果比例接近于1，在做logit转换时，比例大于0.999 999的设定为0.999 999，插补后，比例大于0.999 999的设定为1。

　　备注：logit转换的方法是，给发生与不发生的概率之比取对数。

defined. In the latter case, the transformed variable will be （close to） infinity causing problems for the linear imputation model. We suggest to use the two step imputation approach described in Sect. 3.1 to determine zero values for the smaller variable. The transformation approach described above is then applied only to the subset of the data with values greater than zero. To deal with the latter problem, we suggest setting proportions greater than 0.999 999 to 0.999 999 before the logit transformation and setting values for the imputed proportions greater than 0.999 999 to 1 before multiplying with the totals.

3.4   Skip patterns

Skip patterns, e.g. a battery of questions are only asked if they are applicable, are very common in surveys. Although it is obvious that they are necessary and can significantly reduce the response burden for the survey participant, they are a nightmare for anybody involved in data editing and imputation or statistical disclosure control.

Especially, if the skip patterns are hierarchical, it is very difficult to guarantee

3.4   跳问模式

跳问通常是对于那些不适用的题目产生的。跳问模式可能是分层次的,但很难保证插补值也是按照这个模式来的。FCS法可以解决这个问题。3.1中描述的两步法可以用来决定这个题目是否适用。然后只对

that imputed values are consistent with these patterns. With fully conditional specification, it is straightforward to generate imputed datasets that are consistent with all these rules. The two step approach described in Sect. 3.1 can be applied to decide if the questions under consideration are applicable. Values are imputed only for the units selected in step one. Nevertheless, correctly implementing all filtering rules is a labor intensive task that can be more cumbersome than defining good imputation models.

Furthermore, skip patterns can lead to variables that are answered by only a small fraction of the respondents and it can be difficult to develop good models based on a small number of observations.

3.5　Real data problems and joint modeling

It is easy to address the problems discussed above with the fully conditional approach.With joint modeling only the imputation under linear constraints is straight forward: the transformations described in Sect. 3.3 can be performed

那些适用于本题目的案例进行插补。然而，正确地实施所有的过滤规则比定义好的插补模型更需要人工投入。

不仅如此，跳问模式还会导致适用人群比例很低，而且样本量少的情况下很难发展出好的插补模型。

3.5　真实数据难题和联合模型法

上述复杂情况可用 FCS 法来解决。联合模型法可以对 3.3 描述的**线性约束下的情况**直接使用。对于

before the imputation and the imputed values can be transformed back to the original values afterwards.Bracketed imputation can be incorporated at the imputation stage by drawing from truncated distributions if fixed bounds can be specified. If the bounds depend on other variables that are themselves subject to nonresponse, the joint modeling approach will fail. For skip patterns it might be tempting to treat all values that are not reported because of filtering as missing due to nonresponse, impute the whole dataset, and then manually replace imputed values with structural missings again according to the filter question. However, this approach assumes a common variance-covariance structure even for parts of the dataset for which the covariance by definition cannot be defined.Finally, to our knowledge there are no suggestions in the literature on how to deal with semi-continuous variables for the joint modeling approach.

3.6 Comparison of different multiple imputation software packages

Table 1 lists which features are included in which of the most frequently

区间变量,在插补阶段需要在定义好固定界限之后与截断分布抽取相结合。如果这个界限取决于其他变量(即不是固定的),那么联合模型法就不适用。对于跳问模式,用联合模型法,是先插补所有样本,然后对不该提问的样本根据跳问规则删去其插补值。然而,这种方法也是有问题的,因为它对跳问的和不跳问的样本假设了一个共同的方差协方差结构,事实上,那些跳问的样本很难定义协方差。现有文献显示联合模型法处理不了半连续变量。

3.6 不同插补软件的比较

表1列举了几款软件执行复杂情况插补的

used imputation softwares.We only focus on software based on the fully conditional specification approach, since we think this is the most relevant approach for the imputation of large and complex surveys. Besides, most of the features discussed are either not relevant （e.g., specifying separate imputation models for each variable） or are very difficult to incorporate in the joint modeling approach （see Sect. 3.5）.

Of course, this table is not meant to be a complete list of all the features each of the packages offer. For example，mice, mi, and ice include different useful approaches to handle the problem of （almost） perfect collinearity for categorical data that can often arise if large imputation models are used or if the distribution of the dependent variable is extremely skewed. We limit the list to features that we think are useful if not inevitable in most multiple imputation applications. In Table 1 （x） indicates that there is no specific command that would allow to implement the feature directly.However thoughtful tweaking of the imputation command might still allow to achieve the desired result. For

功能异同。

读者们可以看到 SPSS 软件能够处理的特殊变量比较少。STATA 中的 ice, SAS 中的 IVEware, R 中的 mi 和 mice 能够处理的复杂变量则比较多。除了作者列举的 ice 之外，STATA12 以后的 mi 模块也能执行这些复杂变量的插补了。

example defining imputation models for semi-continuous variables or accounting for skip patterns is possible in mice by defining a series of auxiliary variables and the use of *passive imputation*. However, the programming can quickly become burdensome for large datasets.,

Table 1　Features included in different software packages

	ice	IVE ware	mi	mice	MVA (SPSS)
Semi-continuous variables	(x)	x	x	(x)	
Bracketed imputation (BI)	x	x		x	x
#of determ.imp.for BI	_a				_b
Linear constraints	x		x	x	
Skip patterns	x	x	(x)	(x)	
Medel each var.separately	x		x	x	
≥ 1 model per variable	x			(x)	
Add.imputation models^c	a, b	-pmm, c	a, c	d, e, f, g	-ml
Monitor convergence	Limited		x	x	x
Monitor imputation quality			x	Limited	

a. Bracketed imputations are based on the intreg command in Stata. Royston （2007） does not provide information how the program ensures that only plausible values are drawn from the posterior model.

b. Programm will terminate if no valid value is drawn before specified maximum number of draws is reached.

c. Standard imputation procedures included in most packages are the linear model, the logit model, the multinomial logit model, and predictive mean matching. Additional models: a=ordered logit, b=negative binomial regression, c=poisson regression, d=linear multilevel regression, e=mean imputation, f = sample, g=linear discriminant analysis. -pmm and -ml means that predictive mean matching and the multinomial logit model are not included in the package.

Row 3, the *count of deterministic*

imputations for bracketed imputation picks up on the discussion in Sect. 3.2. Most of the bracketed imputation algorithms redraw from the model if the imputed values fall outside the brackets. If no valid value is drawn after some pre-specified number of draws, the value is set to the closest boundary. If this occurs for a large number of records, the model is miss-specified and results from the imputed dataset are biased. The imputer would be better off to specify a different imputation model. For this reason, it would be useful for the imputer to know, for how many records the imputed value has been set to the closest boundary. As can be seen from the table, none of the software packages provides this information yet. We think, this would be a useful information to be included in future updates of the software packages.

From the table it is obvious that non of the software packages includes all the discussed features. At this time, mi is the only package that allows to directly monitor the quality of the imputation models. We think this is a very important feature. In many imputation applications there is not enough attention given to the evaluation of the assumptions underlying the imputation with the weak excuse that the *MAR*

文章指出，没有哪一款软件能够执行全部需求。mi是到目前为止唯一能够评估插补质量的软件。在4.4小节作者将演示模型评估的不同方法。

读者们请注意，在这篇文章发表之

assumption cannot be validated with the observed data. In Sect. 4.4 we illustrate different approaches for model evaluation that are also implemented in mi.

It is important to stress that the table only evaluates the current versions of the different software packages. Both mice and ice have been updated regularly in the past and a new version of IVEware is currently under development. It should also be noted that increasing flexibility leads to higher complexity of the program. For example IVEware is very intuitive to use, but not allowing the user to define different imputation models for each variable is a severe drawback. On the other hand, mice allows the user to manipulate the imputation process is many different ways, but this requires a sound background in *R*.

4 Multiple imputation of missing values in the IAB establishment panel

In this section we describe results from the multiple imputation project at the German Institute for Employment Research: the imputation of missing values in the wave 2007 of the IAB Establishment Panel.

4.1 The dataset

The IAB Establishment Panel is based on the German employment register aggregated via the establishment number

后，SAS9.3，STATA12均可以执行插补质量的评估，也可以执行FCS法的多重插补。

4 企业追踪调查的多重插补实例

4.1 数据
对于该数据的详细介绍，读者还可以参

as of 30 June of each year. The basis of the register, the German Social Security Data （GSSD） is the integrated notification procedure for the health, pension and unemployment insurances, which was introduced in January 1973. This procedure requires employers to notify the social security agencies about all employees covered by social security. As by definition the German Social Security Data only include employees covered by social security—civil servants and unpaid family workers for example are not included— approx. 80% of the German workforce are represented. However, the degree of coverage varies considerably across the occupations and the industries.

Since the register only contains information on employees covered by social security, the panel includes establishments with at least one employee covered by social security. The sample is drawn using a stratified sampling design. The stratification cells are defined by ten classes for the size of the establishment, 16 classes for the region, and 17 classes for the industry. These cells are also used for weighting and extrapolation of the sample. The survey is conducted by interviewers from TNS Infratest Sozialforschung. For the first wave,

见其网站。

这个调查来自于分层、多阶段的概率抽样，属于复杂抽样设计。第一次有 4 265 个企业。2007 年调查中有 15 000 多个企业样本。每年会有新建立的企业被抽取并纳入。题目内容包括公司的人员结构、发展状况和人事政策等方面的详细资料。

4,265 establishments were interviewed in West Germany in the third quarter of 1993. Since then the Establishment Panel has been conducted annually—since 1996 with over 4,700 establishments in East Germany in addition. In the wave 2007 more than 15,000 establishments participated in the survey. Each year, the panel is accompanied by supplementary samples and follow-up samples to include new or reviving establishments and to compensate for panel mortality. The list of questions contains detailed information about the firms' personnel structure, development and personnel policy. For a detailed description of the dataset we refer to Fischer et al. （2008） or Kölling （2000）.

4.2　The imputation task

Most of the 284 variables included in the wave 2007 of the panel are subject to nonresponse.Only 26 variables are fully observed. However, missing rates vary considerably between variables and are modest for most variables. 65.8% of the variables have missing rates below 1%, 20.4% of the variables have missing rates between 1% and 2%, 15.1%rates between 2% and 5% and only 12 variables have missing rates above 5%. The five

4.2　插补任务

284个变量中多数包含缺失值，只有26个变量是没有缺失值的。缺失值比例最高为65.8%，最低的低于1%，20.4%的变量缺失值比例为1%~2%，有12个变量的缺失值比例高于5%，5个变量的缺失值比例高于10%。作者接着列举了缺失值比例

variables with missing rates above 10% are *subsidies for investmentand material expenses* (13.6%), *payroll* (14.4%), *intermediate inputs as proportion of turnover* (17.4%), *turnover in the last fiscal year* (18.6%), and *number of workers who left the establishment due to restructuring measures* (37.5%). Obviously, the variables with the highest missing rates contain information that is either difficult to provide like *number of workers who left the establishment due to restructuring measures* or considered sensitive like *turnover in the last fiscal year*. The variable *number of workers who left the establishment due to restructuring measures* is only applicable to 626 establishments in the dataset, who declared they had restructuring measures in the last year. Of these 626 only 391 establishments provided information on the number of workers that left the establishment due to these measures. Clearly, it is often difficult to tailor exactly which workers left as a result of the measures and which left for other reasons. This might be the reason for the high missing rates.The low number of observed values is also problematic for the modeling task, so this variable should be used with caution in the imputed dataset.

高的变量。

很明显, 缺失值比例高的变量要么是很难回答的题目, 要么是敏感的题目。有一个变量是由于跳问产生的高比例缺失。

读者们需要注意的是, 文章作者是从数据库建立者而不是研究者的角度来执行插补任务的, 研究者关心的变量可能只在于自己的研究兴趣范围之内, 而数据库建立者关心的是给数据库中的每一个变量提供完整的数据。

这个调查的内容主题比较集中, 变量都是围绕企业人力资源情况而设立的, 也就是说, 变量之间是彼此相关的。如果对于一个多主题调查, 并且多个调查主题或多数变量之间没有关系, 那么对于全部变量做多重插补就不合适了。毕竟多重插补是离不开分析模型的。

4.3   Imputation models

Since the dataset contains a mixture of categorical variables and continuous variables with skewed distributions and a variety of often hierarchical skip patterns and logical constraints, it is impossible to apply the joint modeling approach. We apply the fully conditional specification approach, iteratively imputing one variable at a time, conditioning on the other variables available in the dataset. For the imputation we basically rely on three different imputation models: the linear model for the continuous variables, the logit model for binary variables and the multinomial logit for categorical variables with more than two categories. Multiple imputation procedures for these models are described in Raghunathan et al.（2001）. Since the start of this imputation project in 2006 more flexible imputation models have been proposed in the literature.For example, Schomaker et al.（2010）propose a recursive single imputation approach based on generalized additive models that could be adapted for multiple imputation.Burgette and Reiter（2010）suggest multiple imputation based on CART models, and the predictive mean matching approach that is now implemented in most FCS

4.3   插补模型

由于数据库包含定类变量、偏态分布的连续型变量、跳问模式和有逻辑约束的变量，因此联合模型法不适用。作者使用FCS法来执行多重插补。对连续变量用线性回归，对定类变量用二分类的logit回归和多分类的logit回归。

文章也指出，为了避免非同质情况，插补模型比分析模型更丰富是必要的。非同质情况指的是分析用的模型和插补用的不一样。这种情况在分析模型比插补模型更复杂，或者插补模型忽略了变量间的重要关系的时候，会导致估计偏差。文章作者赞同插补模型比分析模型更复杂只会损失效率，所以插补模型应尽可能包含更多的变量。

对于定类变量执

imputation software would have been a good alternative to overcome the shortcomings of the multinomial logit model discussed below.

In general, all variables that do not contain any structural missings are used as predictors in the imputation models in hopes of reducing problems from uncongeniality (Meng 1994). Uncongeniality refers to the situation when the model used by the analyst of the data differs from the model used for the imputation. This can lead to biased results, if the analyst's model is more complex than the imputation model and the imputation model omitted important relationships present in the original data. Since the true data generating model is usually unknown and an imputation model that is more complex than the true model only causes some loss in efficiency, the standard imputation strategy should be to include as many variables as possible in the imputation model (Little and Raghunathan 1997).

In the multinomial logit model for the categorical variables the number of explanatory variables is limited to 30 variables found by stepwise regression. This reduction is necessary since the full model never converges for most categorical variables due to multicollinearity. But

行多分类logit模型时，变量数限制在30个以内，以避免多重共线性。

为提高插补质量，文章作者给那些高比例缺失的变量，定义了一些单独的模型。由于是分层抽样，在每一层也考虑用不同的插补模型。

所有的连续型变量都是非负取值的，一些变量是做线性约束的。很多变量在0上有高度聚集并且跳问也是分层次的。为此作了一些调整和转换，对于连续变量取了立方根，立方根比log转换能更好地解决偏态分布的问题。

这篇文章只用了一次调查的数据来做演示。但是也使用了其他次的一些变量来作为解释变量。

文章作者使用R软件自编了一些程序来执行插补。

even if the model eventually converges the rate of convergence is so slow that finding the maximum likelihood estimates could easily take more than 12 hours. Because we generate $m=5$ imputed datasets running 100 iterations of the Gibbs sampler before storing the next dataset to avoid dependencies between the imputed values the imputation would take several months to finish. Thus, we generally reduce the number of explanatory variables to 30 for the multinomial imputation model although this might increase the risk of uncongeniality discussed above. The stepwise regression procedure should limit this risk because the variables with the highest influence on the dependent variable are always included in the imputation model.

To improve the quality of the imputation we define several separate models for the variables with high missing rates like *turnover* or *payroll*. Independent models are fit for East and West Germany and for different establishment size classes. Ideally, different imputation models should be defined for every stratification cell to correctly account for the stratified sampling design. Since most of the stratification cells would be too small to allow useful modeling, we follow the advise in Reiter et al. （2006）

and always include the survey weights as predictors in every imputation model.

All continuous variables are subject to non-negativity constraints and the outcome of many variables is further restricted by linear constraints. The imputation process is further complicated by the fact that most variables have huge spikes at zero and as mentioned before the skip patterns are often hierarchical. We therefore have to rely on a mixture of the adjustments presented in Sect. 3. To control for the skewness, we transform each continuous variable by taking the cubic root before the imputation. We prefer the cubic root transformation over the log transformation that is often used in the economic literature to model skewed variables like turnover, because the cubic root transformation is less sensitive to deviations between the imputed and the original values in the right tail of the distribution. Since the slope of the exponential function increases exponentially whereas the slope of $f(x) = x_3$ increases only quadratically, a small deviation in the right tail of the imputed transformed variable has more severe consequences after backtransformation for the log transformed variable than for the variable transformed by taking the cubic root.

For this imputation project we limit ourselves to one cross-section of the longitudinal survey. The final goal will be to impute the missing values in all waves of the survey. This imposes some additional challenges since many more logical constraints will have to be considered, multicollinearity between the variables will become a serious issue, and accounting for the longitudinal structure of the data will impose additional challenges. A research project to tackle these problems is underway. Nevertheless, we could have used additional variables from other years as explanatory variables in the imputation models for this project. Since the quality evaluations of our imputation models discussed below already indicate a very high quality we refrained from adding more variables to the models.

Because the package mi was not available at the beginning of this project and other standard packages could not deal with all the problems described above or did not allow detailed model specification, we use our own coding in R for the imputation routines.

4.4 Evaluating the quality of the imputations

It is difficult to evaluate the quality of the imputations for missing values,

4.4 插补质量评估
由于缺失信息未知和不可忽略缺失机制的存在,评估插补质量总是比较难的。

since information about the missing values usually by definition is not available and the assumption that the response mechanism is ignorable （Rubin 1987）, necessary for obtaining valid imputations if the response mechanism is not modeled directly, cannot be tested with the observed data. A response mechanism is considered ignorable, if, given that the sampling mechanism is ignorable, the response probability only depends on the observed information. The additional requirement that the sampling mechanism is also ignorable （Rubin 1987）, i.e. the sampling probability only depends on observed data, is usually fulfilled in scientific surveys. The stratified sampling design of the IAB Establishment Panel also satisfies this requirement since the sampling probabilities are solely defined by the stratification cells derived from the German Social Security Data（see Sect. 4.1）. If these conditions are fulfilled, the missing data are said to be *missing at random* （*MAR*） and imputation models only need to be based on the observed information. As a special case, the missing data are said to be *missing completely at random*（*MCAR*）, if the response mechanism does not depend on the data （observed or unobserved）, which implies that the distribution of the

在这一段给出了三种缺失机制的定义。

observed data and the distribution of the missing data are identical. If the above requirements are not fulfilled, the missing data are said to be *missing not at random* (*MNAR*) and the response mechanism needs to be modeled explicitly. Little and Rubin (2002) provide examples for non-ignorable missing-data models.

As noted before, it is not possible to check, if the missing data are *MAR* with the observed data. But even if the *MAR* assumption cannot be tested, this does not mean, the imputer cannot test the quality of his or her imputations at all. Abayomi et al. (2008) suggest several ways of evaluating model based imputation procedures. Basically their ideas can be divided in two categories: On the one hand, the imputed data can be checked for reasonability. Simple distributional and outlier checks can be evaluated by subject matter experts for each variable to avoid implausible imputed values like a turnover of $10 million for a small establishment in the social sector.On the other hand, since imputations usually are model based, the fit of these models can and indeed should be tested. Abayomi et al. (2008) label the former as *external* diagnostic techniques, since the imputations are evaluated using outside knowledge and

用观测数据来检验数据缺失是否满足随机缺失机制是不可能的。但是这并不意味着不能检验插补的质量。Abayomi et al.(2008)提出了几种检验方法。它们的基本思想可以分为两类：一方面，插补数据可以检验合理性。对每个变量可以执行简单的分布和离群值检验。另一方面，插补是基于模型的，那么模型的适配度也是可以检验的。前者可以称为外部诊断技术，后者称为内部诊断技术。

外部诊断技术可以使用Kolmogorov-

the latter *internal* diagnostic techniques, since they evaluate the modeling based on model fit without the need of external information.

To automate the external diagnostics to some extent, Abayomi et al. （2008） suggest to use the Kolmogorov-Smirnoff test to flag any imputations for which the distribution of the imputed values significantly differs from the distribution of the observed values. Of course a significant difference in the distributions does not necessarily indicate problems with the imputation. Indeed, if the missing-data mechanism is *MAR* but not *MCAR*, we would expect the two distributions to differ. The test is only intended to decrease the number of variables that need to be checked manually, implicitly assuming that no significant difference between the original and the imputed data indicates no problem with the imputation model.

However, we are skeptical about this automated selection method, since the test is sensitive to the sample size, so the chance of rejecting the null hypothesis will be lower for variables with lower missing rates and variables that are answered only by a subset of the respondents. Furthermore, it is unclear what significance level to choose

Smirnoff检验来观察插补值和观测值的分布是否有显著差异。当然，分布的不同不见得就意味着有问题，如果是随机缺失机制而不是完全随机缺失机制的话，我们期望两个分布有差异。这个检验只是为了减少需要手动检查变量的个数，如果原始的和插补的数据无显著差异则说明插补模型没问题。

这个检验对样本量很敏感，对于缺失值比例低的变量，拒绝虚无假设的机会就会低估。而且拒绝虚无假设也不见得就意味着插补有问题。

图1展示了两个变量上的观测数据（实线）和插补后数据（虚线）的核密度分布。左图显示两个分布重合，右图不重合。左图的变量就不用再做什么工作了，而右图的变量（参与继续教育的员

and as noted above rejection of the null hypothesis does not necessarily indicate an imputation problem, but not rejecting the null hypothesis is not a guarantee that we found a good imputation model either. However, this is implicitly assumed by this procedure.

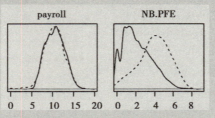

Fig. 1 Observed （solid line） and imputed （dashed line） data for payroll and number of participants in further education （NB. PFE）. Both variables are reported on the log-scale

　　Following Abayomi et al. （2008）, we searched for possible flaws in the imputations by plotting the distributions for the original and imputed values for every continuous variable. We checked, if any notable differences between these distributions can be justified by differences in the distributions of the covariates. Figure 1 displays the distributions for two representative variables based on kernel density estimation.Original values are represented with a solid line, imputed values with a dashed line.Both variables are

工数）则还要继续探索分布的差异源于什么。因为插补值高于观测值。

　　为了检查分布不同的原因，作者检查了缺失比例和企业规模之间的关系，表2列举了这两方面的数据。作者把企业规模分为10个层，规模大的企业，缺失值比例也高，对于参与继续教育的员工数这个变量的插补值的均值也大。这也就不奇怪了。

　　请读者注意，文章作者这里一直在检查插补的合理性。所以用了上述方法。

reported on the log-scale. The left variable
(*payroll*) represents a candidate that
we did not investigate further, since the
distributions almost match exactly.The right
variable (*number of participants in further
education* (*NB.PFE*)) is an example for
a variable for which we tried to understand
the difference between the distribution of
the observed values and the distribution
of the imputed values before accepting the
imputation model.

Obviously, most of the imputed values
for the variable *NB.PFE* are larger than
the observed values for this variable. To
understand this difference, we examined
the dependence between the missing rate
and the establishment size. In Table 2 we
present the percentage of missing units in
10 establishment size classes defined by
quantiles and the mean of *NB.PFE* within
these quantiles. The missing rates are low
up to the sixth establishment size class.
Beyond that point the missing rates increase
significantly with every class. The average
number of further education participants
increases steadily with every establishment
size class with largest increases in the
second half of the table. With these results
in mind, it is not surprising that the imputed
values for that variable are often larger than

the observed values.

We inspected several continuous variables by comparing the distributions of the observed and imputed values in our dataset and did not find any differences in the distributions that could not be explained by the missingness pattern.

We also investigated if any weighted imputed value for any variable lay above the maximum weighted observed value for that variable. Again, this would not necessarily be problematic, but we did not want to produce any unrealistic influential outliers. However, we did not find any weighted imputed value that was higher than the maximum of its weighted observed counterpart.

Table 2   Missing rates and means per quantile for *NB.PFE*

Est.size quantile	Missing rate in %	Mean（NB.PFE）per quantile
1	0.09	1.61
2	0.00	2.49
3	0.57	3.02
4	0.36	4.48
5	0.44	6.09
6	0.37	9.53
7	0.85	15.48
8	1.16	26.44
9	3.18	56.39
10	6.66	194.09

Following Su et al. （2009）, we used three graphics as internal diagnostics to evaluate the model fit: A Normal Q-Q plot, a plot of the residuals from the regression against the fitted values and a binned residual plot （Gelman and Hill 2006）. The Normal Q-Q plot indicates if the assumption of a normal distribution for the residuals is justified by plotting the theoretical quantiles of a normal distribution against the empirical quantiles of the residuals. The residual plot visualizes any unwanted dependencies between the fitted values and the residuals. For the binned residual plot the average of the fitted values is calculated within several predefined bins and these average fitted values are plotted against the average of the residuals within these bins. This is especially helpful for categorical variables since the output of a simple residual plot is difficult to interpret if the outcome is discrete.

Figure 2 again provides an example of one model （one of the models for the variable *turnover*） that we did not inspect any further and one model （for the variable *number of participants in further education with college degree* （*NB.PFE.COL*））, for which we checked the model for necessary adjustments.

文章用三个图来做内部诊断，及检查模型的适配度。正态 Q-Q 图，回归模型的残差、拟合值的分布图和分级残差图。正态分布图用来检验残差的正态分布假定是否满足。残差和拟合值的图用来检验二者之间的独立要求是否得以满足。分级的残差图通常用于离散变量(例如，定类变量)。

For both variables the assumption that the residuals are more or less normally distributed seems to be justified. For the variable *turnover*, the two residual plots further confirm the quality of the model. Only a small amount of residuals fall outside of the gray dotted 95% confidence bands for the residual plot and non of the averaged residuals falls outside the gray 95% confidence bands for the binned residuals. This is different for *NB.PFE.COL*. Although still most of the points are inside the 95% confidence bands, we see a clear relationship between the fitted values and the residuals for the small values and the binned residuals for these small values all fall outside the confidence bands. However, this phenomenon can be explained if we inspect the variable further. Most establishments do not have any participants in further training with college degree and we fitted the model only to the 3,426 units that reported to have at least one participant. 648 of these units report that they had only 1 participant, leading to a spike at 1 in the original data. Since we simply fit a linear model to the observed data, the almost vertical line in the residual plot is not surprising. It contains all the residuals for all the units with only 1 participant in the original data. The binned residual plot indicates that the small fitted values sometimes severely underestimate the original values. The reason for this again is the fact that the original data is truncated at 1 whereas the fitted values are predictions from a standard linear model that would even allow negative fitted values, since we computed the fitted values before the adjustments for non-negativity described in Sect. 3.2. The consequence is a slight overestimation for the larger fitted values.

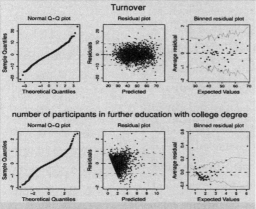

Fig. 2 Model checks for turnover and number of participants in further education with college degree.

We found similar patterns in some other variables that had huge spikes at 1. We could have tried to model the data with a truncated distribution or we could have applied the semi-continuous approach

图2给出了三种图形的示例。图2中上面一行的三张图可以表示对这个变量不用做什么工作了，插补质量较好。下面一行的三张图则表示还需继续探索模型适配度低的原因。

作者接着解释了"参与继续教育员工数"这个变量模型适配度低的原因，即出现了半连续变量的特征，很多只聚集在1上，所以用线性回归就不合适了。

本书提醒读者们注意，模型适配度低还有一种可能是分析模型本

described in Sect. 3.1 to model the spike at 1 separately, but since we expect that the non-negativity adjustments reduce this effect, we decided to avoid making the already complex modeling task even more difficult.

Missing rates are substantially lower for the categorical variables. Only 59 out of the close to 200 categorical variables in the dataset have missing rates above 1% and we limited our evaluation to these variables. We compared the percentage of responses in each category for the observed and the imputed values and flagged a variable for closer inspection, if the percentage of responses in one imputed category differed more than 20% from the relative number in the observed category.We further limited our search to categories that contained at least 25 units, since small changes in categories with less units would lead to significant changes in the relative differences for these categories. All 15 variables that were flagged by this procedure had a missing rate below 5% and the differences between the imputed and original response rates could be explained by the missingness pattern for all of them. We select one variable here to illustrate the significant differences between observed and imputed values that can arise

身缺少关键的解释变量，或者分析模型设定有误。建议读者们先检验分析模型的设计是否有缺陷。

文章发现其他变量也出现了聚集在 1 上面的半连续型变量。为此要使用截断分布或者使用文章3.1节中描述的两步法来解决问题。

定类变量的缺失值比例比较低，只有 59 个变量的缺失值比例高于1%，作者主要对这些变量作评估。作者使用的评估方法如前文所述，比较插补值和观测值的差异是否由缺失模式导致，表3列举了比较的结果，从中得出了插补后的数据合理性。

from a missingness pattern that is definitely not missing completely at random. The variable under consideration asks for the expectations about the investment in 2007 compared to 2006. Table 3 provides some summary statistics for this variable. We find a substantial difference for the second and the third category, if we simply compare the observed response rates （column 1） with the imputed response rates （column 2）. But the missing rate is only 0.2% for this variable for units with investments in 2006 but soars to 10.5% for units without investments in 2006. Thus, the response rates across categories for the imputed values will be influenced by the expectations for those units that had no investments in 2006（column 4）even though only 12.9% of the participants who planned investments for 2007 reported no investments in 2006. These response rates differ completely from the response rates for units that reported investments in 2006 （column 3）. Thus the percentage of establishments that expect an increase in investments is significantly larger in the imputed data than it is in the original data.

For categorical data the Normal Q-Q plot is not appropriate as an internal diagnostic tool and the residual plot is

对于定类变量，Q-Q图不适用，残差图也是。因此，只是用分级残差图来做内部诊断。所有的图均显示出很好的模型适配度。

difficult to interpret if the outcome is discrete.Therefore, we only examined the binned residual plots for the 59 categorical variables with missing rates above 1%. All plots indicate a good model fit. We move all graphics to Appendix for brevity.

To check for possible problems with the iterative imputation procedure, we stored the mean for several continuous variables after every imputation iteration. As discussed in Sect. 2 plotting the means from the imputed variable for every iteration is one way to identify problems with the Gibbs sampler. We did not find any inherent trend for the imputed means for any of the variables（graphs are omitted for brevity）.

The longitudinal structure of the dataset provides an additional way to evaluate the quality of the imputations. If respondents are unwilling or unable to answer some questions in one year of the questionnaire but provide information to similar or related questions in other years, these answers could be compared to the imputed values to detect implausible imputations. We only focused on the imputed wave in our imputation quality evaluations and did not make use of the additional benefits from the longitudinal structure of the data.

历时数据也提供了附加途径来检验插补质量。某一年缺失的数据，如果在其他年份获得了，那么，这些获得的数据可以和过去插补的数据做比较。作者在这篇文章中暂时未作这种检验。

第 5 章

使用 SPSS、STATA 软件做多重插补

目前能够处理多重插补的统计软件比较多。在社会科学界，常用的统计软件 SAS、STATA、SPSS、R 等都可以执行缺失值的多重插补。

本章将分别介绍 SPSS、STATA 软件中执行多重插补的方法和语句。R 软件中执行多重插补的方法和语句请参见：Van Buuren，2012；Su，2011。SAS 软件的方法和语句请参见：Yuan，2011；严洁，2010；曹阳，2004。这里不再赘述。

5.1 使用 SPSS 软件做多重插补

在 SPSS 软件的"转换"菜单下，有一个"替换缺失值"的子菜单，该菜单主要应用于时间序列数据的缺失值的单一插补。其中，替换缺失值的方法包括：

① 序列平均值：使用整个序列的平均值替换缺失值。

② 邻近点的平均值：使用有效周围值的平均值替换缺失值。邻近点的跨度为缺失值上下用于计算平均值的有效值个数。

③ 邻近点的中位值：使用有效周围值的中位值替换缺失值。邻近点的跨度为缺失值上下用于计算中位值的有效值个数。

④ 线性插值：使用线性插值替换缺失值。缺失值之前的最后一个有效值和之后的第一个有效值用来作为插值。如果序列中的第一个或最后一个个案有缺失值，则不必替换。

⑤ 该点的线性趋势：使用该点的线性趋势替换缺失值。现有序列在标度为从 1 到 n 的索引变量上回归。采用其预测值替换缺失值。

多重插补的功能菜单在 SPSS 软件的"分析"菜单下。从软件操作的步骤来讲，在 SPSS 软件中执行多重插补可以按照以下步骤进行：

（1）第一步：选择多重插补的功能菜单（如图 5.1 所示）

打开一个待插补的数据集，在"分析"菜单下，单击"多

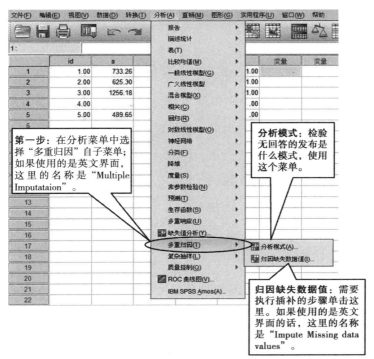

图 5.1　SPSS 执行多重插补菜单示意图

重归因"。这个中文译文不是我们所熟悉的惯用语，英文原文为
"Multiple Imputation"，即"多重插补"。

这个功能菜单下面，包含两个子菜单：

①"分析模式"的作用是对缺失值在变量上的分布进行描述，可以检查数据缺失的模式是单调的，还是任意的。

②"归因缺失数据值"的作用是执行多重插补。

在数据分析过程中，研究者一般要先对所关注的变量进行统计描述，这个时候已经对变量的缺失值分布，对任意缺失模式、单调缺失模式有了一些了解，因此很多时候，"分析模式"这个子菜单可以略过。

（2）第二步：选择分析模式子菜单

分析模式子菜单的作用是对缺失值在变量上的分布进行描述，可以检查各个变量上的缺失值比例、完整案例所占的比例等，也可以检查数据缺失的模式是单调的，还是任意的。

单击进入该菜单之后，选择要分析的变量，如图5.2所示：单击输出"缺失值摘要""缺失值模式""缺失值频率最高的变量"。

图5.2　SPSS执行多重插补之分析模式子菜单示意图

（3）第三步：检查缺失模式和分布

运行了分析模式子菜单之后，要根据输出结果来了解缺失值的分布状况，并且判断数据缺失是单调的，还是任意的，如图 5.3 所示。

（4）第四步：进行多重插补

在"多重归因"菜单下，单击"归因缺失数据值"，开始执行多重插补。

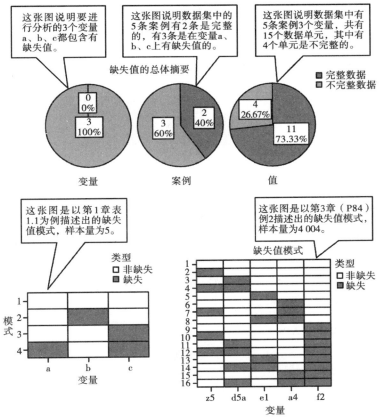

图 5.3　SPSS 执行多重插补之分析模式子菜单的输出结果

　　在这个子菜单内部，我们要完成的任务有，选择插补模型中的变量、定义多重插补使用的算法、决定插补的次数，以及定义各个变量的功能角色，命名插补后数据集等。

　　在"归因缺失数据值"子菜单内部有四个下级菜单，分别是"变量""方法""约束"和"输出"。我们依次来展开。

　　在"变量"菜单中，我们要执行的步骤是：选择变量→输入插补的次数→给插补后的数据集命名，如图 5.4 所示。

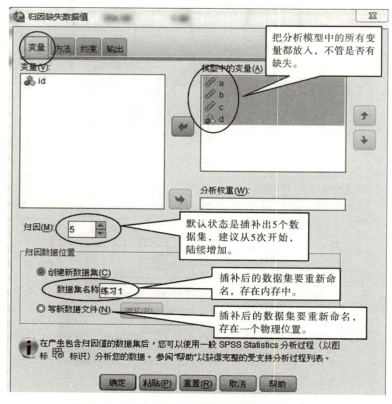

图 5.4　SPSS 执行多重插补之选择变量示意图

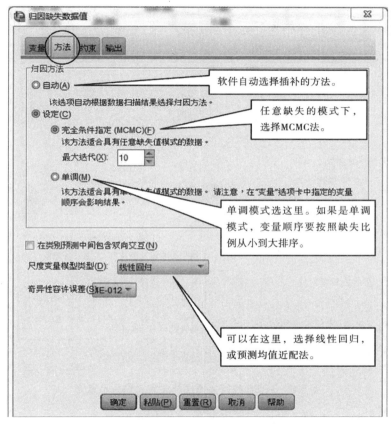

在"方法"菜单中，我们要执行的步骤是：选择插补方法
→定义尺度变量的模型类型，如图 5.5 所示。

图 5.5　SPSS 执行多重插补之选择插补方法示意图

在"约束"菜单中，我们要执行的步骤是：扫描数据→定
义变量的角色，如图 5.6 所示。

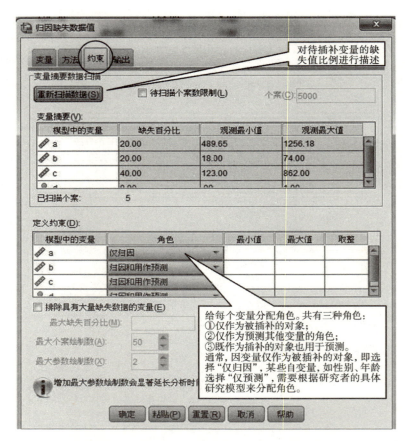

图 5.6　SPSS 执行多重插补之定义约束示意图

在"输出"菜单中，我们要执行的步骤是：输出插补模型
→输出插补后的变量描述统计，如图 5.7 所示。

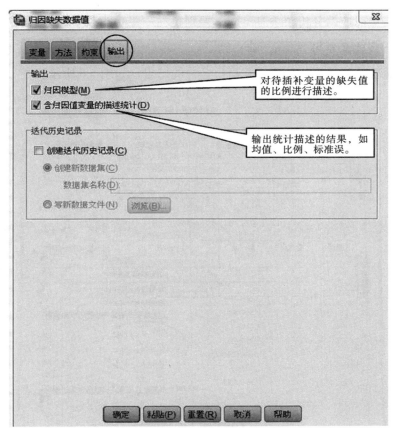

图 5.7　SPSS 执行多重插补之定义输出示意图

（5）第五步：插补后的统计分析

多重插补之后，要立即进行插补后的统计分析，这两个步骤不可分。

这里一定要注意使用插补后的数据集。打开这个数据集之后，单击分析菜单会发现，这个数据集对应的分析菜单和原始数据集对应的分析菜单有不同，差别是在一些功能菜单上标记了一个特殊的符号：。只有带着这些符号的功能菜单可以执行多重插补后的统计分析，并给出合并的结果，如图5.8所示。

图5.8　SPSS执行多重插补后选择统计方法示意图

（6）第六步：检验多重插补之后的统计分析结果

多重插补之后，在插补后的数据集中，如果选择统计描述，输出的集中和离散指标的形式如图5.9所示。

统计量

Imputation 归因数			a	b	c
0 初始数据	N	有效	4	4	3
		缺失	1	1	2
	均值		776.0975	41.2500	513.0000
	均值的标准误		167.60726	12.14753	214.31363
	中值		679.2800	36.5000	554.0000
	标准差		335.21452	24.29506	371.20210
	全距		766.53	56.00	739.00
1	N	有效	5	5	5
		缺失	0	0	0
	均值		779.8717	14.4536	515.6269
	均值的标准误		129.88287	28.40047	117.68708
	中值		733.2600	29.0000	545.7515
	标准差		290.42693	63.50538	263.15632
	全距		766.53	166.73	739.00
2	N	有效	5	5	5
		缺失	0	0	0
	均值		779.0202	41.5437	522.3507
	均值的标准误		129.86092	9.41402	117.53712
	中值		733.2600	42.7185	541.9328
	标准差		290.37784	21.05039	262.82100
	全距		766.53	56.00	739.00
3	N	有效	5	5	5
		缺失	0	0	0
	均值		777.1894	37.7648	519.9779
	均值的标准误		129.83262	10.03415	117.46735
	中值		733.2600	29.0000	533.9370
	标准差		290.31455	22.43704	262.66498
	全距		766.53	56.00	739.00
汇聚	N	有效	5	5	5
		缺失	0	0	0
	均值		778.6938	31.2540	519.3185
	均值的标准误		129.86845	24.87931	117.62981
	分数缺失信息		.000	.551	.001
	相对增加方差		.000	.865	.001
	相对效率		1.000	.845	1.000

对原始数据集中的变量进行集中和离散趋势描述。

对第二次插补后的数据集中的变量进行集中和离散趋势描述。

这是合并后的结果，研究者要使用这个表格中的结果。

图 5.9

多重插补之后，在插补后的数据集中，如果选择一般线性回归分析，输出形式如图 5.10 所示。其中，回归系数、标准化回归系数、t 值、sig 值的显示方式与传统的输出形式一致。不同的是，在合并的结果中，没有标准化的回归系数，但是会增加三个显示多重插补质量的指标：缺失信息比例、相对增加方差和相对效率。它们的用法参见前文所述。

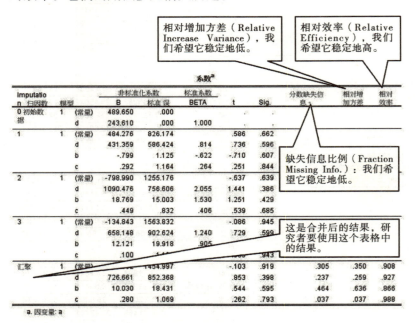

图 5.10

接下来，我们使用 SPSS20 软件，针对第 3 章例题 1 执行 25 次多重插补和插补后的回归分析，结果如下。

模型整体解释力表格的输出样式，如图 5.11 所示。

Imputation_ Imputation Number	R	R Square	Adjusted R Square	Std. Error of the Estimate
0 Original data	.506ᵃ	.256	.241	.48087
1	.513ᵇ	.264	.251	.47889
2	.537ᶜ	.288	.276	.48019
3	.518ᵇ	.268	.256	.48808
……4-20 略				
21	.513ᵇ	.263	.251	.47932
22	.521ᶜ	.272	.259	.47607
23	.512ᵇ	.263	.250	.48239
24	.525ᵈ	.276	.264	.47999
25	.529ᵇ	.280	.268	.47383

图 5.11

方差分析表格的输出样式，如图 5.12 所示。

ANOVAa

Imputation_ Imputation Number		Sum of Squares	df	Mean Square	F	Sig.
	Regression	23.987	6	3.998	17.289	.000ᵇ
0 Original data	Residual	69.601	301	.231		
	Total	93.588	307			
	Regression	29.644	6	4.941	21.543	.000ᶜ
1	Residual	82.791	361	.229		
	Total	112.436	367			
……2-23 略						
	Regression	31.641	6	5.274	22.890	.000ᶜ
24	Residual	83.170	361	.230		
	Total	114.811	367			
	Regression	31.457	6	5.243	23.352	.000ᶜ
	Residual	81.050	361	.225		
	Total	112.507	367			

图 5.12

　　注意上述这两张表格没有 Pooled 的结果，因为 SPSS 暂时无法对确定系数进行合并运算。

　　回归系数表格的输出样式，如图 5.13 所示。

Coefficients a

Imputation Number		Unstandardized Coefficients		Standardized Coefficients	t	Sig.	Fraction Missing Info.	Relative Increase Variance	Relative Efficiency
		B	Std. Error	Beta					
0 Original data	(Constant)	5.841	.204		28.600	.000			
	性别	.172	.057	.155	3.025	.003			
	年龄	.007	.003	.109	2.067	.040			
	教育年限	.082	.010	.442	8.347	.000			
	是否在体制内工作	.117	.062	.095	1.880	.061			
	是否有第二职业	.329	.125	.133	2.628	.009			
	是否参与投资	.187	.057	.166	3.275	.001			
1	(Constant)	5.729	.185		30.982	.000			
	性别	.214	.051	.193	4.180	.000			
	年龄	.008	.003	.125	2.637	.009			
	教育年限	.083	.009	.437	9.200	.000			
	是否在体制内工作	.139	.056	.115	2.487	.013			
	是否有第二职业	.332	.115	.133	2.897	.004			
	是否参与投资	.190	.053	.165	3.591	.000			
2–24 略 ……									
25	(Constant)	5.724	.182		31.410	.000			
	性别	.202	.051	.182	3.984	.000			
	年龄	.007	.003	.114	2.422	.016			
	教育年限	.086	.009	.453	9.617	.000			
	是否在体制内工作	.138	.055	.114	2.499	.013			
	是否有第二职业	.325	.114	.130	2.859	.004			
	是否参与投资	.198	.052	.173	3.787	.000			
pooled	(Constant)	5.702	.197		28.895	.000	.116	.130	.995
	性别	.207	.055		3.769	.000	.111	.124	.996
	年龄	.008	.003		2.462	.014	.094	.103	.996
	教育年限	.088	.010		9.080	.000	.125	.142	.995
	是否在体制内工作	.120	.059		2.043	.041	.090	.099	.996
	是否有第二职业	.316	.119		2.656	.008	.054	.057	.998
	是否参与投资	.168	.061		2.771	.006	.250	.327	.990

a.Dependent Variable：logdv 月收入的对数。

图 5.13

5.2　使用 STATA 软件做多重插补

第 3 章已经以 STATA 软件为工具，举例说明了多重插补的步骤，这里将执行多重插补的语句归纳列举，以方便读者使用。

STATA 软件执行多重插补也是首先要定义插补模型，这过程包括定义要被插补的变量、选择插补方法，然后执行分析模型。STATA 软件和 SAS 软件在执行多重插补之后可以支持复杂抽样设计下的统计分析，SPSS 软件在执行多重插补之后无法执行复杂抽样设计下的分析。

5.2.1　多重插补前的准备工作

（1）准备工作之一：检查缺失模式

```
use "N:\例 1.dta", clear          // 打开数据库
misstable summarize logdv iv_c1eduyr iv_b1 iv_b2 gender age
                                  // 检查各变量上缺失值比例
```

输出结果只显示有缺失值的变量：

Variable	Obs=.	Obs>.	Obs<.	Unique values	Min	Max
logdv	25		343	68	5.991465	8.764053
iv_c1	37		331	2	0	1

接下来，检查数据缺失模式：

```
use "N:\例 1.dta", clear          // 打开数据库
misstable patterns logdv iv_c1eduyr iv_b1 iv_b2 gender age
                                  // 检查缺失模式
```

输出结果表示属于多变量缺失模式如图 5.14 所示。

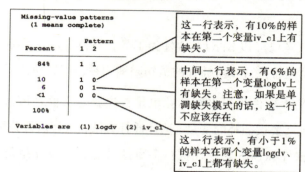

图 5.14

（2）准备工作之二：检查变量是否满足多元正态分布

如果插补模型的变量以连续型的变量为主，那么可能会考虑使用联合模型策略下的 MCMC 插补方法，如果要使用 MCMC 方法的话，需要检验变量是否满足多元正态分布。在 STATA 中的命令如下所示：

mvtest normality logdv age eduyr, **univariate bivariate stats(all)**

其中，加上 **univariate bivariate** 表示不仅做多变量的多元正态检验，也做单变量、双变量的正态检验。

加上 **stats(all)** 表示，同时输出 **dhansen**、**hzirkler**、**kurtosis**、**skewness** 检验的结果。

输出结果如图 5.15 所示：

（3）准备工作之三：检查分析模型中的自变量是否存在多重共线性

　　不管是联合模型策略下的插补，还是 FCS 策略下的插补，均需要检验变量之间是否出现多重共线性。

　　如果数据来自于简单随机抽样的话，STATA 软件可以直接输出表示多重共线性的指标——方差膨胀因子（VIF）或者容限度（Tolerance），在 STATA 中的命令如下：

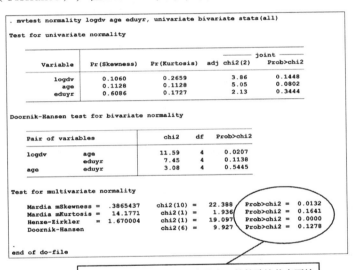

图 5.15

```
use "N:\ 例 1.dta", clear

reg logdv edu1 edu2 iv_b1 iv_b2 iv_c1 iv_a1 iv_a2 iv_a3 gender age

// 进行 OLS 回归

estat vif // 输出上述自变量的 VIF
```

输出结果如图 5.16 所示。注意 1/VIF 就是容限度。若 VIF
大于 10 则说明这个变量能够被其他变量线性表达，出现了多重
共线性，这个变量应该从模型中去除。

```
. estat vif

    Variable  |      VIF       1/VIF
--------------+----------------------
       iv_a1  |     1.32    0.756098
       iv_a3  |     1.24    0.804187
       eduyr  |     1.17    0.856038
       iv_a2  |     1.15    0.872200
         age  |     1.13    0.881173
      gender  |     1.07    0.934955
       iv_b1  |     1.05    0.953476
       iv_c1  |     1.05    0.954331
       iv_b2  |     1.03    0.970814
--------------+----------------------
    Mean VIF  |     1.13
```

图 5.16

如果数据来自于复杂抽样，STATA12.0 的版本暂时还不能直
接输出 VIF 这个指标，需要对每个自变量与其他自变量的关系分
别做回归，然后利用公式计算 VIF。命令如下：

```
use "N:\ 例 2.dta", clear
svyset psu [pweight=wt_design],strata(strata) vce(linearized)
singleunit(centered)
// 定义复杂抽样下的初级抽样单位、设计权重、层变量
svy: reg iv_b iv_a1dum iv_a2dum iv_a3dum iv_a4dum iv_c1dum2 iv_
e1dum1 iv_e2 iv_e3 iv_e4dum age gender edu2 edu3 edu4
// 复杂抽样下对自变量 iv_b 做线性回归，检验多重共线性
display "tolerance = " 1-e(r2)" VIF = " 1/(1-e(r2))// 计算 VIF 和容限度，
VIF<10 说明没有出现多重共线性
```

5.2.2　多重插补

1）多重插补第一步：定义插补模型

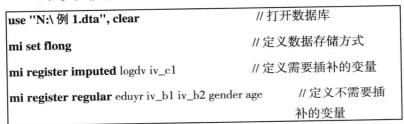

use "N:\ 例 1.dta", clear	// 打开数据库
mi set flong	// 定义数据存储方式
mi register imputed logdv iv_c1	// 定义需要插补的变量
mi register regular eduyr iv_b1 iv_b2 gender age	// 定义不需要插补的变量

数据存储方式有四种类型，其中 flong 的存储格式与 SPSS 的格式类似，如图 5.17 所示。

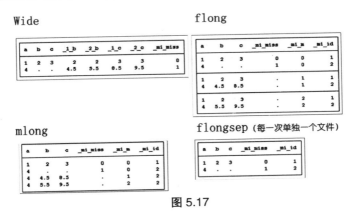

图 5.17

2）多重插补第二步：定义插补方法

（1）多变量缺失

①多变量任意缺失模式下的 MCMC 法

MCMC 法应用在联合模型策略下，变量之间能够满足多元正态分布的情况，基本命令格式如下：

> **mi impute** mvn logdv iv_c1 = eduyr iv_b1 iv_b2 gender age, **add**(10) **force rseed**(29330)   // 定义插补的方法、变量、
> 插补的次数，并固定随机数

注意，这里的 add(10)，第一次运行的时候，软件执行 10 次插补，如果没有关闭数据，继续再运行此命令，则接着会输出插补 20 次的结果，也就是说，add（10）会在首次运行之后，接着按照每 10 次递增。

运行上述命令之后，输出结果展示了被插补变量的样本数、插补次数等信息，如图 5.18 所示。

```
. mi impute mvn logdv iv_c1 = eduyr iv_b1 iv_b2 gender age, add(10) force rseed(
> 29330)

Performing EM optimization:
note: 2 observations omitted from EM estimation because of all imputation
      variables missing
  observed log likelihood = 162.18848 at iteration 7

Performing MCMC data augmentation ...

Multivariate imputation                        Imputations =        10
Multivariate normal regression                       added =        10
Imputed: m=1 through m=10                          updated =         0

Prior: uniform                                  Iterations =      1000
                                                   burn-in =       100
                                                   between =       100

                          |         Observations per m
                 Variable |  Complete   Incomplete   Imputed  |     Total
                    logdv |       343           25        25  |       368
                    iv_c1 |       331           37        37  |       368

(complete + incomplete = total; imputed is the minimum across m
 of the number of filled-in observations.)
```

图 5.18

②多变量任意缺失模式下的 MICE 法

MICE 法如第 2 章和第 3 章所述，是指基于 FCS 策略下的插补方法，也称链式方程法，在无法满足联合分布的情况下使用。

例如，插补模型中包含很多定类变量，或者有半连续变量、区间变量、计数变量的情况。在 STATA12 中的基本命令格式如下：

```
use "N:\ 例 1.dta", clear          // 打开数据库
mi set flong                       // 定义数据存储方式
mi register imputed logdv iv_c1    // 定义需要插补的变量
mi register regular iv_b1 iv_b2 eduyr gender age    // 定义不需要插
补的变量
mi impute chained (regress) logdv (logit) iv_c1 = iv_b1 iv_b2 eduyr gender
age, add(26) force rseed(29330)    // 定义插补的方法、变量、插补
的次数，并固定随机数；
```

(regress)logdv 表示对 logdv 变量采用线性回归插补法，(logit) iv_c1 表示对 iv_c1 采用 logit 回归进行插补，如图 5.19 所示。输出结果显示在多重插补过程中有两个条件分布下的插补模型：

Conditional models:

logdv: regress logdv i.iv_c1 iv_b1 iv_b2 eduyr gender age

iv_c1: logit iv_c1 logdv iv_b1 iv_b2 eduyr gender age

有的时候，许多变量类型一致，可以使用同样的插补方法。这种情况下，对于使用同类回归方法的变量可以排列在一起，软件在执行插补的时候会自动按照缺失值从低到高的顺序依次执行，在本书第 3 章的例 2 中示例如下：

```
mi impute chained (ologit,augment) dv_grp3 (pmm, knn(5)) iv_b iv_e2
(logit) iv_b11dum iv_b22dum iv_c1dum2 iv_e1dum1 iv_a1dum iv_a2dum
iv_a3dum iv_a5dum= eduyr gender age, add(25) force rseed(29330)
                  // 定义插补的方法、变量、插补的次数，并固定
随机数；从 iv_b11dum 及往后的那些变量都使用 logit 模型来做插补
```

```
. mi impute chained (regress) logdv  (logit) iv_c1 =  iv_b1 iv_b2 eduyr gender ag
> e, add(26) force rseed(29330)

Conditional models:
        logdv: regress logdv i.iv_c1 iv_b1 iv_b2 eduyr gender age
        iv_c1: logit iv_c1 logdv iv_b1 iv_b2 eduyr gender age

Performing chained iterations ...

Multivariate imputation                      Imputations =         26
Chained equations                                  added =         26
Imputed: m=1 through m=26                        updated =          0

Initialization: monotone                        Iterations =        260
                                                  burn-in =         10

        logdv: linear regression
        iv_c1: logistic regression
```

	Observations per m			
Variable	Complete	Incomplete	Imputed	Total
logdv	343	25	25	368
iv_c1	331	37	37	368

```
(complete + incomplete = total; imputed is the minimum across m
of the number of filled-in observations.)
```

图 5.19

使用了 MICE 法之后，许多研究希望**对 MICE 法的收敛状况进行检验**，从而评价插补的质量。对于收敛性能的检验主要是靠图形法，如果能够迅速收敛，并且在图形中找不出规律性的趋势便说明插补质量是好的。

以例 1 举例说明基本命令格式如下：

```
use "N:\例 1.dta", clear          //打开数据库
mi set flong                      //定义数据存储方式
mi register imputed logdv iv_c1   //定义需要插补的变量
mi register regular iv_b1 iv_b2 eduyr gender age      //定义不需要插补的变量
mi impute chained (regress) logdv (logit) iv_c1 = iv_b1 iv_b2 eduyr gender age, add(10) force rseed(29330) burnin(100) chainonly savetrace(d:\micetrace.dta)
```

// 定义插补的方法、变量、插补的次数，并固定随机数 chainonly
savetrace(d:\micetrace.dta) 表示要把迭代轨迹存储在 d 盘 micetrace.dta 这
个文件中，以便做收敛检验
clear
use "d:\micetrace.dta"
describe
tsset iter
tsline logdv_mean, name(grp1) nodraw
tsline logdv_sd, name(grp2) nodraw
tsline iv_c1_mean, name(grp3) nodraw
tsline iv_c1_sd, name(grp4) nodraw
graph combine grp1 grp2 grp3 grp4, title(Trace plots of summaries of
imputed values) rows(2)　　// 接下来的一串命令表示打开
micetrace.dta 这个文件，描述一下数据库的变量名，然后用 **tsset** 这个
命令把 iter 这个变量转置成时间序列格式。
然后把两个被插补变量的均值和标准差重新命名，再作图。

输出的图形如图 5.20 所示。

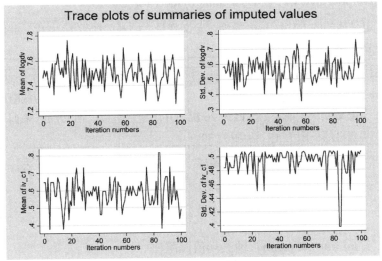

图 5.20　MICE 法收敛检验示意图

③多变量单调缺失模式下的 monotone 法

基本命令格式如下：

```
mi impute monotone (regress) y x1 = x2 x3 x4, add(10) force
rseed(29330)                              // 定义插补的方法、变量、插
补的次数，并固定随机数；表示对单调缺失模式下 y、x1 变量采用线
性回归插补法
```

也会遇到这样的需求，在单调缺失模式下对不同的变量采用不用的方法：

```
mi impute monotone (regress) y x1 x2 (pmm, knn(5)) x3 = z1 z2, add(10)
force rseed(29330)              // 表示对单调缺失模式下的 y、x1、x2
采用线性回归法，对于 x3 用预测均值匹配法进行插补
```

（2）单变量缺失

单变量缺失包括下列插补方法，基本命令格式是：

```
mi impute logit y x1 x2 x3 x4, add(10) force rseed(29330)
// 定义插补的方法用 logit 模型、定义变量、插补的次数为 10 次，并固
定随机数
```

```
mi impute truncreg y x1 x2 x3 x4, add(20) ll(17) ul(39) force
rseed(29330)                              // 定义插补的方法为截断回
归、定义变量、插补的次数为 20 次，并固定随机数，用 ll(),ul() 来列举
截断变量的下限为 17、上限为 39
```

在 STATA12 到 14 版中包含以下单变量的多重插补方法，读者可参见 STATA 的帮助文件：

mi impute regress　单变量线性回归插补法

mi impute pmm　预测均值匹配法

mi impute truncreg　截断回归

mi impute intreg　区间回归

mi impute logit　二分类变量的 logistic 回归

mi impute ologit　定序变量的 logistic 回归

mi impute mlogit　多分类变量的 logistic 回归

mi impute poisson　泊松回归

mi impute nbreg　负二项回归

5.2.3　多重插补后的统计分析

多重插补后的统计分析分为两种情况：一是简单随机抽样下的分析；二是复杂抽样下的分析。

1）简单随机抽样下的统计分析

```
use "N:\ 例 1.dta", clear          // 打开数据库

mi set flong                       // 定义数据存储方式

mi register imputed logdv iv_c1         // 定义需要插补的变量

mi register regular iv_b1 iv_b2 eduyr gender age        // 定义不需要插补的变量

mi impute mvn logdv iv_c1  = eduyr iv_b1 iv_b2 gender age,add(26) force
rseed(29330)                  // 定义插补的方法位 MCMC 法、变量、
插补的次数，并固定随机数

mi estimate, saving(yy)vartable:reg logdv eduyr iv_b1 iv_b2 iv_c1 gender
age                  //26 次插补后进行 regress 回归，默认状态
下用所有插补数据集做合并运算
```

输出结果如图 5.21 所示。

```
. mi estimate,saving(yy)vartable: reg logdv eduyr iv_b1 iv_b2 iv_c1 gender age
```

Multiple-imputation estimates   Imputations   =   26
Linear regression

Variance information

| | Imputation variance | | | | | Relative |
	Within	Between	Total	RVI	FMI	efficiency
eduyr	.000081	6.3e-06	.000088	.080369	.075232	.997115
iv_b1	.003089	.000196	.003293	.065978	.062548	.9976
iv_b2	.013093	.000427	.013537	.033856	.033039	.998731
iv_c1	.002714	.000239	.002963	.091579	.084894	.996745
gender	.00262	.000115	.002739	.04547	.043904	.998314
age	8.9e-06	1.1e-06	1.0e-05	.124481	.112196	.995703
_cons	.033721	.003621	.037481	.111509	.101616	.996107

Multiple-imputation estimates   Imputations   =   26
Linear regression   Number of obs   =   368
                                       Average RVI   =   0.0698
                                       Largest FMI   =   0.1122
DF adjustment: Small sample   Complete DF   =   361
                                       DF: min   =   276.07
                                                avg   =   309.94
                                                max   =   342.16
Model F test: Equal FMI   F(6,   354.6) =   21.18
Within VCE type: OLS   Prob > F   =   0.0000

logdv	Coef.	Std. Err.	t	P>|t|	[95% Conf. Interval]	
eduyr	.0863863	.0093553	9.23	0.000	.0679784	.1047942
iv_b1	.12515	.0573852	2.18	0.030	.0122505	.2380495
iv_b2	.3206308	.1163473	2.76	0.006	.0917849	.5494767
iv_c1	.1889367	.0544328	3.47	0.001	.0818198	.2960537
gender	.2018855	.0523319	3.86	0.000	.0989447	.3048263
age	.0073295	.0031549	2.32	0.021	.0011188	.0135402
_cons	5.727321	.1936003	29.58	0.000	5.346258	6.108385

图 5.21

　　读者们注意到这个输出表没有标准化回归系数 Beta 值和确定系数 R^2。为了求这两个值，需要在 STATA 中先安装一个命令包 "mibeta"，运行之后便可得到这两种值：

> **mibeta** logdv eduyr iv_b1 iv_b2 iv_c1 gender age，**miopts(vartable)**　// 输 出
> 标准化回归系数和确定系数 **R^2**

输出结果如图 5.22 所示，标准化回归系数在"mean"一列展示。

```
. mibeta logdv eduyr iv_b1 iv_b2 iv_c1 gender age, miopts(vartable)

Multiple-imputation estimates                    Imputations      =         26
Linear regression

Variance information
```

	Imputation variance					Relative
	Within	Between	Total	RVI	FMI	efficiency
eduyr	.000081	6.3e-06	.000088	.080369	.0748	.997131
iv_b1	.003089	.000196	.003293	.065978	.062182	.997614
iv_b2	.013093	.000427	.013537	.033856	.03283	.998739
iv_c1	.002714	.000239	.002963	.091579	.084411	.996764
gender	.00262	.000115	.002739	.04547	.043637	.998324
age	8.9e-06	1.1e-06	1.0e-05	.124481	.111571	.995727
_cons	.033721	.003621	.037481	.111509	.101046	.996129

```
Note: FMIs are based on Rubin's large-sample degrees of freedom.
```

```
Multiple-imputation estimates                Imputations       =         26
Linear regression                            Number of obs     =        368
                                             Average RVI       =     0.0698
                                             Largest FMI       =     0.1116
                                             Complete DF       =        361
DF adjustment:   Small sample                DF:      min      =     276.07
                                                      avg      =     309.94
                                                      max      =     342.16
Model F test:       Equal FMI                F(  6,  354.6)    =      21.18
Within VCE type:         OLS                 Prob > F          =     0.0000
```

logdv	Coef.	Std. Err.	t	P>|t|	[95% Conf. Interval]	
eduyr	.0863863	.0093553	9.23	0.000	.0679784	.1047942
iv_b1	.12515	.0573852	2.18	0.030	.0122505	.2380495
iv_b2	.3206308	.1163473	2.76	0.006	.0917849	.5494767
iv_c1	.1889367	.0544328	3.47	0.001	.0818198	.2960537
gender	.2018855	.0523319	3.86	0.000	.0989447	.3048263
age	.0073295	.0031549	2.32	0.021	.0011188	.0135402
_cons	5.727321	.1936003	29.58	0.000	5.346258	6.108385

```
Standardized coefficients and R-squared
Summary statistics over 26 imputations
```

	mean	min	p25	median	p75	max
eduyr	.4536168	.426	.4446036	.4573752	.4630465	.476
iv_b1	.1033716	.0803	.0953603	.1025083	.111561	.124
iv_b2	.1277198	.112	.1213223	.1268902	.1338025	.145
iv_c1	.1659698	.132	.157419	.1669661	.1745166	.191
gender	.1812149	.161	.1738317	.1802325	.187438	.203
age	.1164275	.0846	.1057301	.116633	.1282435	.145
R-square	.2745774	.25	.2657568	.2771103	.283503	.297
Adj R-square	.2625205	.237	.2535533	.2650955	.2715944	.285

图 5.22

如果需要对某一个数据集单独做回归分析,那么可以使用 ni() 这个命令:

> **mi estimate ni(20):reg** logdv eduyr iv_b1 iv_b2 iv_c1 gender age // 表示对第 20 个数据集单独执行 regress 分析

2)复杂抽样下的统计分析

本书第 3 章例 2 采用的是复杂抽样下的统计分析,其基本命令如下:

> **use "N:\ 例 2.dta", clear**   // 打开数据库
>
> **mi set flong**   // 定义插补库的类型
>
> **mi register imputed** dv_grp3 iv_b iv_b11dum iv_b22dum iv_c1dum2 iv_e1dum1 iv_e2 iv_a1dum   // 注册要被插补的变量
>
> **mi register regular** eduyr gender age   // 注册那些不被插补的变量
>
> **mi impute chained** (ologit,augment) dv_grp3 (**pmm, knn(5)**) iv_b iv_e2 (**logit**) iv_b11dum iv_b22dum iv_c1dum2 iv_e1dum1 iv_a1dum = eduyr gender age, **add**(35) **force rseed**(29330)
>
> // 定义插补方法为 FCS 策略的链式方程法,不同变量用不同的插补方法,插补的次数,定义随机数种子;对 dv_grp3 变量使用 ologit 回归进行插补;对 iv_b iv_e2 采用预测均值匹配法进行插补;对 iv_b11dum 及后面的那些变量用 logit 回归做多重插补
>
> **mi svyset** psu **[pweight=**wt_design**], strata**(strata) **vce(linearized) singleunit(centered)**   // 复杂抽样设计的设定,注意如果有 SSU、TSU、FPC 等抽样设计信息,也需写到命令行中
>
> **mi estimate: svy: ologit** dv_grp3 iv_b iv_b11dum iv_b22dum iv_c1dum2 iv_e1dum1 iv_e2 iv_a1dum eduyr gender age
>
> // 多重插补之后执行复杂抽样设计下的 ordinal logistic 回归分析
>
> **mi estimate, vartable nocitable**   // 输出 RVI、FMI、RE 等指标

输出结果如图 5.23 所示。

```
. mi estimate: svy: ologit dv_grp3 iv_b iv_b11dum iv_b22dum iv_c1dum2 iv_e1dum1 iv_e2
> iv_a1dum eduyr gender age
```

Multiple-imputation estimates	Imputations	= 35
Survey: Ordered logistic regression	Number of obs	= 3891
Number of strata = 16	Population size	= 586428624
Number of PSUs = 73		
	Average RVI	= 0.4147
	Largest FMI	= 0.3360
	Complete DF	= 57
DF adjustment: Small sample	DF: min	= 33.60
	avg	= 38.54
	max	= 46.32
Model F test: Equal FMI	F(10, 52.6)	= 27.81
Within VCE type: Linearized	Prob > F	= 0.0000

dv_grp3	Coef.	Std. Err.	t	P>|t|	[95% Conf. Interval]
iv_b	-.0378971	.0060032	-6.31	0.000	-.0500621 -.0257321
iv_b11dum	.2111459	.1034472	2.04	0.049	.0008234 .4214684
iv_b22dum	.3707602	.1060909	3.49	0.001	.1552448 .5862756
iv_c1dum2	.2596898	.1142657	2.27	0.028	.0291545 .4902252
iv_e1dum1	-.5187049	.1208497	-4.29	0.000	-.7640263 -.2733836
iv_e2	.1465832	.0255197	5.74	0.000	.094951 .1982155
iv_a1dum	.1947434	.110247	1.77	0.084	-.0271305 .4166173
eduyr	-.0131356	.0125442	-1.05	0.302	-.0385891 .0123178
gender	.0656015	.085684	0.77	0.449	-.1084402 .2396432
age	.0061215	.0041062	1.49	0.144	-.002193 .014436
/cut1	-1.613329	.3252755	-4.96	0.000	-2.269256 -.9574024
/cut2	-.0810683	.3325248	-0.24	0.809	-.7510869 .5889503

```
. mi estimate, vartable  nocitable
```

Multiple-imputation estimates	Imputations	= 35
Survey: Ordered logistic regression		

Variance information

	Imputation variance					Relative
	Within	Between	Total	RVI	FMI	efficiency
iv_b	.000027	9.9e-06	.000037	.382594	.289598	.991794
iv_b11dum	.007364	.003448	.010911	.481569	.340196	.990374
iv_b22dum	.006594	.005361	.012109	.836207	.476344	.986573
iv_c1dum2	.011014	.003259	.014366	.304358	.244167	.993072
iv_e1dum1	.01044	.002843	.013365	.280117	.228968	.993501
iv_e2	.000496	.000198	.000699	.409369	.30399	.991389
iv_a1dum	.009403	.002244	.011711	.24548	.206235	.994142
iv_a2dum	.010264	.00407	.014449	.407839	.303182	.991412
iv_a3dum	.0101	.001881	.012035	.19159	.16827	.995215
iv_a5dum	.00838	.002965	.01143	.363942	.27924	.992085
eduyr	.000112	.000089	.000203	.814507	.469563	.986762
gender	.00472	.001627	.006393	.354454	.273861	.992236
age	.000012	4.5e-06	.000017	.386423	.29169	.991735
/cut1	.101996	.031458	.134353	.317241	.252018	.992851
/cut2	.106755	.031764	.139426	.306037	.245199	.993043

图 5.23

对复杂抽样设计的设定，除了初级抽样单位 PSU、初级抽样单位的分层变量 STRTA、个体的入选概率的倒数 PWEIGHT 之外，有的抽样设计变量还有次级抽样单位（SSU），次级抽样单位也可能进行了分层，还有三级抽样单位（TSU）等等，那么 svyset 的命令需要扩展为：

misvyset psu [pweight=pw], fpc(fpc1) strata(strata1) ‖ su2, fpc(fpc2)strata(strata2) ‖ su3, fpc(fpc3) ‖ _n

其中，strata1 这个变量是指抽取 PSU 时的分层变量，strata2 是指抽取 SSU 的分层变量。例如在一个全国调查中，初级抽样单位是县级单位，次级抽样单位是乡镇街道。抽取县级单位的时候，按照东南西北中划分了 5 个地区，那么 strata1 中的观测值就是这 5 个地区，如果抽取乡镇街道的时候；划分为乡、镇、街道三类，那么 strata2 中的观测值就是这三类属性。

Fpc 也称校正因子，Fpc1 表示抽取 PSU 的校正因子，fpc=n/N，这里的 n 是指在某一层中，抽取了多少个 PSU，N 表示这一层中一共有多少个 psu。Fpc2 表示抽取 ssu 时的校正因子。

_n 表示在次级抽样单位以下都视为简单随机抽样的意思。

在多重插补中，除了上述回归模型以外，还支持生存分析，但是需要先使用 mi stset 来定义生存分析模型，对于历时数据，需要使用 mi xtset 来定义。还可以支持多水平分析等。下列的回归分析方法在多重插补后的 **mi estimate** 中均可使用（引自 STATA 帮助文件）。

表 5.1

Command	Description
Linear regression models	
regress	Linear regression
cnsreg	Constrained linear regression
mvreg	Multivariate regression
Binaryresponse regression models	
logistic	Logistic regression, reporting odds ratios
logit	Logistic regression, reporting coefficients
probit	Probit regression
cloglog	Complementary log–log regression
binreg	GLM for the binomial family
Count response regression models	
poisson	Poisson regression
nbreg	Negative binomial regression
gnbreg	Generalized negative binomial regression
Ordinal response regression models	
ologit	Ordered logistic regression
oprobit	Ordered probit regression
Categoricalr esponsereg ression models	
mlogit	Multinomial (polytomous) logistic regression
mprobit	Multinomial probit regression
clogit	Conditional (fixed–effects) logistic regression
Fractional responsereg ression models	
fracreg	Fractional response regression
Quantile regression models	
qreg	Quantile regression
iqreg	Interquantile range regression
sqreg	Simultaneous-quantile regression
bsqreg	Bootstrapped quantile regression
Survival regression models	

stcox	Cox proportional hazards model
streg	Parametric survival models
stcrreg	Competing-risks regression

Other regression models

glm	Generalized linear models
areg	Linear regression with a large dummy-variable set
rreg	Robust regression
cpoisson	Censored Poisson regression
truncreg	Truncated regression

Panel data models

xtreg	Fixed-, between- and random-effects, and population-averaged linear models
xtrc	Random-coefficients regression
xtlogit	Fixed-effects, random-effects, and population-averaged logit models
xtprobit	Random-effects and population-averaged probit models
xtcloglog	Random-effects and population-averaged cloglog models
xtpoisson	Fixed-effects, random-effects, and population-averaged Poisson models
xtnbreg	Fixed-effects, random-effects, and population-averaged negative binomial models
xtgee	Fit population-averaged panel-data models by using GEE Multilevel mixedeffects models
meqrlogit	Multilevel mixed-effects logistic regression(QR decomposition)
meqrpoisson	Multilevel mixed-effects Poisson regression(QR decomposition)
mixed	Multilevel mixed-effects linear regression

除了插补和分析命令之外，还有事后检验和数据管理的命令：

mi ptrace 用来检验 MCMC 的稳定性

mi test 对参数进行检验

mi testtransform 对转换的参数进行检验

mi predict 获得线性的预测值

mi predictnl　获得非线性的预测值

对于多重插补的数据进行管理的命令有：**mi rename**（给变量重命名），**mi append**（追加数据集），**mi merge**（合并数据集）等，详细参见 STATA 的帮助手册，这里不再列举。

5.3　SPSS、STATA、SAS、R 软件做多重插补的异同

多数情况下，这些软件执行多重插补的结果彼此很接近。但是，也有些特殊情况，不同的软件有明显的优势：SPSS 从 17.0 的版本有了多重插补，SPSS 可以使用 FCS 策略下的链式方程方法执行多重插补。SPSS 到 20 版为止，还无法满足执行多重插补后的复杂抽样下的统计分析的需求。而 SAS、STATA、R 均可以针对插补后的数据集执行复杂抽样下的统计分析。SPSS 无法自动输出插补后的收敛诊断图。而且如图 5.24 所示，SPSS 无法采用自助法抽取初始值，在多重插补过程中不能执行变量的转换，无法执行 Bernard and Rubin 的自由度算法等。

STATA 和 SAS 比较起来，功能非常接近而且非常全面，需注意的是 SAS 在 9.3、9.4 的版本中可以执行 FCS 策略下的插补方法，9.2 版本之前的不行。SAS 软件比较昂贵，这是二者的主要区别。

R 软件的优势是对新方法吸纳速度快。有关 R 软件下执行

Technique	NORM	SAS	SPSS*
TABLE 11.2. Analysis Options for Selected Multiple Imputation Software Programs			
Imputation phase options			
Bootstrap starting values		✓	
Ridge prior distribution	✓	✓	
Variable transformations	✓	✓	
Constraints on minimum and maximum values		✓	✓
Rounding for imputed values	✓	✓	✓
Graphical convergence diagnostics	✓	✓	*
Pooling phase options			
Combine estimates and standard errors	✓	✓	✓
Bernard and Rubin degrees of freedom		✓	
Missing data diagnostics (e.g., FMI, RIV)	✓	✓	✓
D_1 multiparameter test statistic	✓	✓	
D_2 multiparameter test statistic			
D_3 multiparameter test statistic			

Note. FMI = fraction of missing information; RIV = relative increase in variance. *SPSS does not automate this option, but it produces the information necessary to construct graphical diagnostics.

图 5.24　SAS 和 SPSS 执行多重插补功能比较

（转引自 Enders，2010，p334）

多重插补的命令，读者们可以参照 VanBuuren（2012）的著作，书中有详细的步骤和讲解，Su（2011）也详细介绍了 R 软件执行多重插补的步骤。

　　此外，还可以使用 M*plus* 软件（统计分析综合软件）、S–PLUS 软件（统计分析综合软件）、HLM 软件（处理多水平模型的专业软件）、LISREL 软件和 Amos 软件（处理结构方程模型的专业软件）、Amelia（处理多重插补的专业软件）等执行多重插补。M*plus* 6.0 及以上版本可实现 MCMC 方法。Amos17 可以支持结构方程的多重插补。LISREL 8.7 及以上版本中的数据操作和基本分析模块 PRELIS 提供了基于 EM 算法、MCMC 方法的多重插补，并可输出 EM 算法获得的协方差矩阵等估计值，可将其作为数据输入进行 SEM 分析。HLM 6.0 及以上版本可对多重插补后的数据进行分析并进行结果整合。Amelia 软件由 James Honaker、Gary King and Matthew Blackwell 开发，基于多元正态模型进行多重插补，特别之处在于包括了可以同时处理测量误差和无回答误差的 multiple overimputation 方法（Blackwell, Honaker, and King, 2015）和时间序列插补。REALCOM-IMPUTE 软件可以专门执行多水平模型下的多重插补（http://www.cmm.bristol.ac.uk/research/Realcom/index.shtml）。

　　归纳起来，读者们选择统计软件首先要根据自己的分析模型是基于简单随机抽样，还是基于复杂抽样。如果是后者，就目前状态，建议从 STATA、R、SAS 软件中进行选择，至于具体选哪一个则依据读者个人对这几款软件的熟悉程度了，这些软件都可以满足大多数多重插补的需求，如果遇到非常特殊的变量或模型时，再去找专门的软件包也不迟。

参考文献

曹阳，张罗漫.运用SAS对不完整数据集进行多重填补——SAS 9中的多重填补及其统计分析过程（一）［J］.中国卫生统计，2004,21(1):56-63.

曹阳，张罗漫.运用SAS对不完整数据集进行多重填补——SAS 9中的多重填补及其统计分析过程(二)［J］.中国卫生统计，2004,21(2): 114-116.

金勇进.缺失数据的插补调整［J］.数理统计与管理，2001，20(5): 47-53.

金勇进，邵军.缺失数据的统计处理［M］.北京：中国统计出版社，2009.

庞新生.多重插补方法与应用研究［M］.北京：经济科学出版社，2013.

庞新生.缺失数据插补处理方法的比较研究［J］.统计与决策，2012,(24): 18-22.

严洁.政治敏感问题无回答的处理：多重插补的应用［J］.华中师范大学学报：社会科学版,2010(2):29-34.

(美)Kish L.抽样调查［M］.倪加勋,等，译.北京：中国统计出版社,1997.

(美)Roderick A Little, Donald B Rubin.缺失数据统计分析［M］.孙山泽，译.北京：中国统计出版社, 2004.

Allison, P. D. (2002). Missing Data. Sage, Thousand Oaks, CA.

Allison, P. D. (1987). Estimation of linear models with incomplete data . In C.

Clogg (Ed.), Sociological methodology 1987 (pp.71-103). Washington, D.C.: American Sociological Association.

Abayomi, K., Gelman, A., Levy, M. (2008). Diagnostics for multivariate imputations. Journal of the Royal Statistical Society, Series C, 57(3): 273-291.

Bang, K. and Robins, J. M. (2005). Doubly robust estimation in missing data and causal inference models. Biometrics, 61(4):962-972.

Blackwell, Matthew, James Honaker, and Gary King. 2015. A Unified Approach to Measurement Error and Missing Data: Overview and Applications. Sociological Methods and Research, 44(3): 1-39.

Bodner, T. E. (2008). What improves with increased missing data imputations? Structural Equation Modeling, 15(4):651-675.

Brand, J. P. L. (1999). Development, Implementation and Evaluation of Multiple Imputation Strategies for the Statistical Analysis of Incomplete Data Sets. PhD thesis, Erasmus University, Rotterdam.

Barnard, J., & Rubin, D. B. (1999). Small-sample degrees of freedom with multiple imputation. Biometrika, 86: 948-955.

Brand, J. P. L., Van Buuren, S., Groothuis-Oudshoorn, C. G. M., and Gelsema, E. S. (2003). A toolkit in SAS for the evaluation of multiple imputation methods. Statistica Neerlandica, 57(1):36-45.

Burns, R. M. (1990). Multiple and replicate item imputation in a complex sample survey. In Proc. Sixth Annual Res. Conf, pp. 655-665. Washington, D.C.: U.S. Bureau of the Census.

Carpenter, James R. (2013). Multiple Imputation and Its Application. Chichester, West Sussex : John Wiley & Sons.

Collins, L. M., Schafer, J. L., and Kam, C. M. (2001). A comparison of inclusive and restrictive strategies in modern missing data procedures. Psychological Methods, 6(3):330-351.

Cover, T. M. and Hart, P. E.(1967). Nearest neighbor pattern classification.

275 /

IEEE Transaction on Information Theory, 13(1): 21-27.

Curtin, Richard; Stanley Presser; Eleanor Singer.(2005). Changes in Telephone Survey Nonresponse Over the Past Quarter Century. The Public Opinion Quarterly, 69(1): 87-98.

DeMaio, Theresa J., (1980). Refusals: Who, Where and Why. The Public Opinion Quarterly, 44(2):223-233.

Dempster, A. P., Laird, N. M., and Rubin, D. B. (1977). Maximum likelihood estimation from incomplete data via the EM algorithm (with discussion). Journal of the Royal Statistical Society B, 39(1):1-38.

Dempster, A. P. and Rubin, D. B. (1983). Introduction. In *Incomplete Data in Sample Surveys*, volume 2, pp 3-10. Academic Press, New York.

Drechsler, J. (2011). Multiple imputation in practice: A case study using a complex German establishment survey. AStA-Advances in Statistical Analysis,95:1-26.

Enders, C. K. (2010). Applied Missing Data Analysis. Guilford Press, NewYork.

Fay, R. E. (1992). When are inferences from multiple imputation valid? Proceedings of the Survey Research Methods Section of the American Statistical Association, pp. 227-232.

Fay, R. E. (1993) Valid inferences from imputed survey data. Proceedings of the Survey Research Methodology Section of the American Statistical Association, pp. 41-48.

Fellegi, I.P., and Holt, D. (1976). A systematic approach to automatic edit and imputation. Journal of the American Statistical Association, 71: 17-35.

Ferber, Robert, (1966). Item Nonresponse in a Consumer Survey. The Public Opinion Quarterly, 30: 399-415.

Geman, D. and Geman, S. (1984) Stochastic relaxation, Gibbs distributions, and the Bayesian reconstruction of images. IEEE Transactions on Pattern

Analysis and Machine Intelligence, 6: 721-741.

Gilljam, Mikael and Donald Granberg(1993). Should We Take Don't Know for an Answer? *The Public Opinion Quarterly.* 57(3): 348-357.

Glynn, R. J. and Laird, N. M. (1986). Regression estimates and missing data: Complete-case.

Graham, J. W. (2009). Missing data analysis: Making it work in the real world. *Annual Review of Psychology,* 60(1): 549-576.

Graham, J. W., & Schafer, J. L. (1999). On the performance of multiple imputation for multivariate data with small sample size. In R. Hoyle (Ed.), Statistical strategies for small sample research (pp. 1-29). Thousand Oaks, CA: Sage.

Graham, J. W., Olchowski, A. E., and Gilreath, T. D. (2007). How many imputations are really needed? Some practical clari_cations of multiple imputation theory. Preventive Science, 8(3):206-213.

Graham, J. W., Hofer, S. M., Donaldson, S. I., MacKinnon, D. P., & Schafer, J. L. (1997). Analysis with missing data in prevention research. In K. J. Bryant, M. Windle, & S. G. West (Eds.), The science of prevention: Methodological advances from alcohol and substance abuse research (pp. 325-366). Washington, D.C.: American Psychological Association.

Groves, R. M., Fowler Jr., F. J., Couper, M. P., Lepkowski, J. M., Singer, E.,and Tourangeau, R. (2009). Survey Methodology. John Wiley & Sons, NewYork, 2nd edition.

Heckman, J. T. (1976). The common structure of statistical models of truncation, sample selection and limited dependent variables and a simple estimator for such models. The Annals of Economic and Social Measurement, 5: 475-492.

Hedeker, D., & Gibbons, R. D. (1997). Application of random-effects pattern-mixture models for missing data in longitudinal studies. Psychological Methods, 2: 64-78.

Heckman, J. J. (1976). The common structure of statistical models of truncation,sample selection and limited dependent variables and a simple estimator for such models. Annals of Economic and Social Measurement,5(4):475-492.

Heitjan, D. F. and Little, R. J. A. (1991). Multiple imputation for the fatal accident reporting system. Journal of the Royal Statistical Society C,40(1):13-29.

Herzog, T. N. and Rubin, D. B. (1983). Using multiple imputations to handle nonresponse in sample surveys. In Madow, W., Olkin, I., and Rubin, D. B.,editors, Incomplete Data in Sample Surveys, volume 2, chapter 15, pages209-245. Academic Press, New York.

Hille, E. T. M., Elbertse, L., Bennebroek Gravenhorst, J., Brand, R., and Verloove-Vanhorick, S. P. (2005). Nonresponse bias in a follow-up study of 19-year-old adolescents born as preterm infants. Pediatrics, 116(5):662-666.

Horton, N. J. and Lipsitz, S. R. (2001). Multiple imputation in practice: Comparison of software packages for regression models with missing variables.The American Statistician, 55(3):244-254.

Horton N.J, Kleinman KP (2007). Much Ado about Nothing: A Comparison of Missing Data Methods and Software to Fit Incomplete Data Regression Models. The American Statistician, 61: 79-90.

Honaker, J., King, G., Blackwell, M.: AMELIA II: A program for missing data (2010). Available at: http://gking.harvard.edu/amelia.

Kalton, Graham (1983). Compensating for Missing Survey Data. Ann Arbor, MI: Survey Research Center.

Kalton, Graham, (1983). Introduction to Survey Sampling. Beverly Hills: Sage Publications.

Kalton, Graham and Daniel Kasprzyk (1986). The treatment of Missing Survey Data. Survey Methodology 12:1-16.

Kalton, Graham and Leslie Kish (1984). Some Efficient Random Imputation Methods. Communications in Statistics: Theory and Methods 13(16):1919-1939.

Kish, Leslie, (1965). Survey Sampling. New York: John Wiley & Sons.

Lam, K. F., Tang, O. Y., and Fong, D. Y. T. (2005). Estimating the proportion of cured patients in a censored sample. Statistics in Medicine, 24(12):1865-1879.

Lee, H., Rancourt, E., and Särndal, C. E. (1994). Experiments with variance estimation from survey data with imputed values. Journal of Offcial Statistics, 10(3):231-243.

Lee, K. J. and Carlin, J. B. (2010). Multiple imputation for missing data: Fully conditional specification versus multivariate normal imputation. American Journal of Epidemiology, 171(5):624-632.

Li, K.-H., Meng, X.-L., Raghunathan, T. E., and Rubin, D. B. (1991a). Significance levels from repeated p-values with multiply-imputed data. Statistica Sinica, 1(1):65-92.

Li, K.-H., Raghunathan, T. E., and Rubin, D. B. (1991b). Large-sample significance levels from multiply imputed data using moment-based statistics and an F reference distribution. Journal of the American Statistical Association,86(416):1065-1073.

Little, R. J. A. (1988). Missing-data adjustments in large surveys (with discussion).Journal of Business Economics and Statistics, 6(3):287-301.

Little, R. J. A. and Rubin, D. B. (1987). Statistical Analysis with Missing Data. John Wiley & Sons, New York.

Little, R. J. A. and Rubin, D. B. (2002). Statistical Analysis with Missing Data. John Wiley & Sons, New York, 2nd edition.

Liu, C. (1995). Missing data imputation using the multivariate t distribution. Journal of Multivariate Analysis, 53(1):139-158.

Meng, X.-L. (1994). Multiple imputation with uncongenial sources of input(with discusson). Statistical Science, 9(4):538-573.

Meng, X.-L. and Rubin, D. B. (1992). Performing likelihood ratio tests with multiply-imputed data sets. Biometrika, 79(1):103-111.

Meng, X.L. 2001. A Congenial Overview and Investigation of Multiple Imputation Inferences under Uncongeniality. In R.M. Groves, D.A. Dillman, J.L. Eltinge, R.J.A. Little (Eds.), Survey Nonresponse. New York, Wiley.

Molenberghs, G. and Kenward,M. G. (2007). Missing Data in Clinical Studies. John Wiley & Sons, Chichester, UK.

Olsen, M. K. and Schafer, J. L. (2001). A two-part random effects model for semicontinuous longitudinal data. Journal of the American Statistical Association, 96(454):730-745.

Olsen, M. K. and Schafer, J. L. (1998). Parameter estimates for semicontinuous longitudinal data using an EM algorithm. Technical report #98-31. Pennsylvania State University. The Methodology Center.

Rao, J. N. K. and Shao, J. (1992) Jackknife variance estimation with survey data under hot-deck imputation. Biometrika, 79: 811-822.

Rao, J. N. K. (1996). On variance estimation with imputed survey data.Journal of the American Statistical Association, 91(434):499-505.

Rapoport, Ronald B. (1982). Sex Differences in Attitude Expression: A Generational Explanation. The Public Opinion Quarterly, 46(1): 86-96.

Reiter, J. P. (2005a). Releasing multiply imputed, synthetic public use microdata:An illustration and empirical study. Journal of the Royal Statistical Society A, 168(1):185-205.

Reiter, J. P. (2005b). Using CART to generate partially synthetic public use microdata. Journal of O_cial Statistics, 21(3):7-30.

Reiter, J. P. (2009). Using multiple imputation to integrate and disseminate confidential microdata. International Statistical Review, 77(2):179-195.

Reiter, J. P. (2007) Small-sample degrees of freedom for multi-component significance tests with multiple imputation for missing data. Biometrika, 92: 502-508.

Rosenbaum, P. and Rubin, D. B. (1983). The central role of the propensity score in observational studies for causal effects. Biometrika 70, 41-55.

Royston, P. (2004). Multiple imputation of missing values. Stata Journal,4(3):227-241.

Royston, P.(2005a). Multiple imputation of missing values: Update. Stata Journal 5: 188-201.

Royston, P.(2005b). Multiple imputation of missing values: Update of ice. Stata Journal 5: 527-536.

Royston, P. (2007). Multiple imputation of missing values: Further update of ice, with an emphasis on interval censoring. Stata Journal, 7(4):445-464.

Royston, P. (2009). Multiple imputation of missing values: Further update of ice, with an emphasis on categorical variables. Stata Journal, 9(3):466-477.

Rubin, D. B. (1976). Inference and missing data. *Biometrika*, 63(3):581-590.

Rubin, D. B. (1977). The design of a general and flexible system for handling nonresponse in sample surveys. Consultant report submitted to the Social Security Administration, done as part of the 1973 CPS-IRS-SSA Exact Match Project.

Rubin, D. B. (1987a). Multiple Imputation for Nonresponse in Surveys. John Wiley & Sons, New York.

Rubin, D. B. (1994). Comments on Missing data, imputation, and the bootstrap.by Bradley Efron. Journal of the American Statistical Association,89(426):485-488.

Rubin, D. B. (1996). Multiple imputation after 18+ years. Journal of the American Statistical Association, 91(434):473-489.

Rubin, D. B. and Schenker, N. (1986). Multiple imputation for interval estimation from simple random samples with ignorable nonresponse. Journal of the American Statistical Association, 81(394):366-374.

Särndal, C. E. and Lundström, S. (2005). Estimation in Surveys with Nonresponse. John Wiley & Sons, New York.

Schafer, J. L. (1997). Analysis of Incomplete Multivariate Data. Chapman & Hall, London.

Schafer, J. L. (2003). Multiple imputation in multivariate problems when the imputation and analysis models di_er. Statistica Neerlandica, 57(1):19-35.

Schafer, J. L., Ezzati-Rice, T. M., Johnson, W., Khare, M., Little, R. J. A.,and Rubin, D. B. (1996). The NHANES III multiple imputation project.In ASA 1996 Proceedings of the Survey Research Methods Section, pages 28-37, Alexandria, VA.

Schafer, J. L. and Graham, J. W. (2002). Missing data: Our view of the state of the art. Psychological Methods, 7(2):147-177.

Schafer, J. L. and Olsen, M. K. (1998). Multiple imputation for multivariate missing-data problems: A data analyst's perspective. Multivariate Behavioral Research, 33(4):545-571.

Schenker, N. and Taylor, J. M. G. (1996). Partially parametric techniques for multiple imputation. Computational Statistics and Data Analysis,22(4):425-446.

Schenker, N., Raghunathan, T.E., Chiu, P.L., Makuc, D.M., Zhang, G., Cohen, A.J. (2006). Multiple imputation of missing income data in the national Health Interview Survey. J. Am. Stat. Assoc. 101, 924-933.

Scheuren, F. J. (2005). Multiple imputation: How it began and continues. The American Statistician, 59(4):315-319.

Su, Yu-Sung, Andrew Gelman, Jennifer Hill, Masanao Yajima(2011).Multiple Imputation with Diagnostics (mi) in R: Opening Windows into the Black Box. Journal of Statistical Software, 45(2): 1-31.

Tang, L,Unü·untzer, J., Song, J., and Belin, T. R. (2005). A comparison of imputation methods in a longitudinal randomized clinical trial. Statistics in Medicine, 24(14):2111-2128.

Tanner, M.A. and Wong, W.H. (1987) The calculation of posterior distributions by data augmentation (with discussion). Journal of the American Statistical Association, 82: 528-550.

Van Buuren, S.,Brand J. (2006). Fully conditional specification in multivariate imputation. Journal of Statistical Computation and Simulation.76(12) : 1049-1064.

Van Buuren, S. (2007a). Multiple imputation of discrete and continuous data by fully conditional specification. Statistical Methods in Medical Research,16(3):219-242.

Van Buuren, S. (2007b). Worm plot to diagnose _t in quantile regression. Statistical Modelling, 7(4):363-376.

Van Buuren, S. (2010). Item imputation without specifying scale structure. Methodology, 6(1):31-36.

Van Buuren, S. (2012). Flexible Imputation of Missing Data.Boca Raton, FL : CRC Press.

Van Buuren, S., Boshuizen, H. C., and Knook, D. L. (1999). Multiple imputation of missing blood pressure covariates in survival analysis. Statistics in Medicine, 18(6):681-694.

White, I. R., Royston, P., and Wood, A. M. (2011). Multiple imputation using chained equations: Issues and guidance for practice. Statistics in Medicine, 30(4):377-399.

Yuan,Yang(2011). Multiple Imputation Using SAS Software. Journal of Statistical Software, 45(2): 1-31.

Yucel, R. M. and Zaslavsky, A. M. (2005). Imputation of binary treatment variables with measurement error in administrative data. Journal of the American Statistical Association, 100(472):1123-1132.